GOLDMANN
ARKANA

W0334993

HP Ingrid Kraaz von Rohr
Wulfing von Rohr

Die richtige Schwingung heilt

Das Praxisbuch für Bachblüten, Schüßlersalze und Farben

GOLDMANN
ARKANA

Die in diesem Buch beschriebenen umfassenden Heilmethoden sollten mit Vorsicht und niemals unter Zeitnot stehend ausgeführt werden. Die Autoren und der Verlag sind für keinerlei Folgen verantwortlich, die durch unrichtige, unzulängliche oder übertriebene Anwendung der beschriebenen Methoden entstehen. Bei unklarer Diagnose und gesundheitlichen Störungen muss ein Arzt oder Heilpraktiker konsultiert werden.

Illustrationen:
Fritz Ulrich (S. 72, 79, 117)
Alle anderen Cindy Schroeder
Bachblüten-Farbkarten: Silvia Reili-Preinfalk

FSC
Mix
Produktgruppe aus vorbildlich bewirtschafteten Wäldern und anderen kontrollierten Herkünften
Zert.-Nr. SGS-COC-1940
www.fsc.org
© 1996 Forest Stewardship Council

Verlagsgruppe Random House FSC-DEU-0100
Das für dieses Buch verwendete FSC-zertifizierte Papier *München Super* liefert Mochenwangen.

1. Auflage
Erweiterte und aktualisierte Ausgabe Februar 2007
© 2006 Wilhelm Goldmann Verlag, München
in der Verlagsgruppe Random House GmbH
Umschlaggestaltung: Design Team München
Umschlagfoto: Masterfile/Frank Krahmer
Redaktion: Gerhard Juckoff
WL · Herstellung: CZ
Satz: Uhl + Massopust, Aalen
Druck und Bindung: GGP Media GmbH, Pößneck
Printed in Germany
ISBN 978-3-442-21787-8

www.arkana-verlag.de

Inhalt

»In den Schriften steht,
dass wir Körper, Geist und Seele sind!
Wir haben wunderbare Fortschritte darin gemacht,
unseren Körper und den Verstand zu entwickeln,
aber unglücklicherweise haben wir
die Seele vernachlässigt. Unsere Seele ist ein
Tropfen aus dem Meer der Allbewusstheit.
Deshalb ist ihre wahre Natur Licht, Leben und Liebe.«

Sant Darshan Singh (1921–1989)

Vorwort von Dr. med. Dietrich Klinghardt

Schwingungsmedizin ist die Medizin der Zukunft

Schwingungsmedizin ist die Medizin der Zukunft. Ingrid S. Kraaz von Rohr, eine der führenden deutschen Homöopathen, Heilpraktiker und Naturärzte, und ihr Koautor, der Fachschriftsteller Wulfing von Rohr, legen ein einzigartiges synergetisches Heilsystem mit nachgewiesener praktischer Wirksamkeit vor. Sie zeigen, wie Farbtherapie, Bachblüten, Schüßler'sche Zellsalze und Notfallhomöopathie sich sinnvoll so ergänzen können, dass eine tiefgreifende und umfassende Heilung erzielt wird. Die Grundlage der Schwingungsmedizin ist die Einsicht, dass Harmonie auf allen sich gegenseitig beeinflussenden Ebenen von Körper, Gemüt und Geist das Fundament für Gesundheit und Heilung darstellt.

Die vorgeschlagenen Behandlungsmethoden der Farbtherapie über Akupunktur- und Akupressurpunkte finden immer mehr Anhänger. Ich selbst konnte in meiner Praxis einige höchst dramatische Erfolge, sowohl bei akuten wie bei chronischen Erkrankungen, mit den hier beschriebenen Behandlungsvorschlägen feststellen.

Meine Kollegin Ingrid S. Kraaz von Rohr hat eine erstaunliche Einsicht und Sensitivität demonstriert, basierend auf mehr als zwanzig Jahren homöopathischer Praxis, als sie die Heilfarben herausfand, die den sieben – oft unterschätzten – Gruppen der Bachblüten entsprechen, und Meditations-Affirmationen formulierte, welche die Harmoniekräfte der jeweiligen Blüten unterstützen. Ich möchte vor allem herausheben, dass es an der Zeit ist, die Bachblüten-Therapie sinnvoll zu erweitern und im Rahmen der von der Autorin entwickelten »Natürlichen Komplementär-Medizin« einzusetzen.

Ihr Buch, ist ein »Muss« für praktisch jeden Behandler – gleich ob Heilpraktiker, Naturarzt oder Schulmediziner – und für jeden Bücherschrank, als »Hausapotheke« und Nachschlagewerk!

Dr. med. Dietrich Klinghardt, MD
Präsident der Amerikanischen Akademie
für Neuraltherapie
Santa Fe, NM, USA

Danksagung

Es ist mir eine Lebensaufgabe geworden, die Gedanken meines Lieblingsphilosophen Platon und auch andere für die Neuzeit gültige Lebensweisheiten weiterzugeben. Platons grundlegende Einsichten – so seine Erkenntnis »Die Seele heilt den Körper« – sind für mich ein Beispiel gesunder Vernunft. Ähnlich wie dieser antike Philosoph beeindruckt mich Goethe, insbesondere seine Farbenlehre.

Von beiden gewann ich die fundamentale Einsicht, dass der Mensch von der Schöpfungsidee her dazu bestimmt ist, mit Körper und Geist im bewussten Einklang mit der Schöpfung zu leben.

Zwei anderen großen Denkern verdanke ich, wie viele Naturheilkundige auf der Welt, die Grundlagen meiner Heilkunst:

Samuel Hahnemann, dem Begründer der Homöopathie, und Dr. Edward Bach, dem Entdecker einer neuen Heilweise, deren Bedeutung nach Ansicht vieler Praktiker der Homöopathie gleichkommt. Nach meiner Erfahrung ergänzen sich die beiden Therapieansätze.

Welches Wissen und welche Weisheit vermitteln uns Hahnemann und Bach noch heute! Ohne ihre faszinierenden Erkenntnisse wäre es schwer, die jeweiligen disharmonischen Schwingungsmuster zwischen Seele und

Persönlichkeit, zwischen Körper, Geist und Seele zu diagnostizieren und auszugleichen.

Mein besonderer Dank gilt Josef Angerer, dem Altmeister der Naturheilkunde in Deutschland und dem Gründer der Heilpraktiker-Fachschule München. Ebenso danke ich Peter Mandel, durch den mir der praktische Einstieg in die Welt der Schwingungen gezeigt wurde.

Geistig-spirituelle Führung erlebte ich voller Dank von St. Germain und darf ich erleben von meinem Meister Sant Darshan Singh und von Sant Rajinder Singh, die mich inspiriert und mein Verständnis für Kräfte und Zusammenhänge höherer Dimensionen geweckt haben.

Wir danken nicht zuletzt Johannes Jacob für seinen persönlichen Einsatz, ein solches Handbuch, das harmonische Schwingungen als entscheidende Grundlage für Gesundheit behandelt, zu fördern und hilfreich zu begleiten. Ebenso gilt der Dank Gerhard Riemann für das Zustandekommen der Neuauflage.

Zum Abschluss erinnere ich an die Gedanken Goethes, dass es eine Allgemeinwahrheit nicht gebe, sondern dass alle Wahrheit einen individuellen Beigeschmack besitze und dass die Erforschung des Verborgenen nicht die Angelegenheit eines einzigen Menschenalters sei. In diesem Sinn ist auch das vorliegende Buch als ein Schritt auf dem Weg, aber noch nicht als das Ziel selbst zu verstehen.

Ingrid S. Kraaz von Rohr

Einleitung

Gesundheitsvorsorge statt Krankheitsdenken

Die richtige Schwingung heilt!

Wer heilt, hat Recht. Auf diese einfache Formel bringt der Volksmund die Einstellung der meisten Menschen zur Medizin. Wir haben eine Epoche erlebt, in der neue naturwissenschaftliche Erkenntnisse in medizinische Durchbrüche wie den Einsatz des Penizillins und die modernen Operationsverfahren umgesetzt wurden. Diese Epoche wurde aber zunehmend von einer Tendenz zur technokratischen Apparatemedizin geprägt, die den Menschen als ganzes Wesen von Körper, Geist und Seele aus den Augen verlor.

Unser Gesundheitswesen ist krank

Unser Denken ist weithin ein *Krankheits*denken – noch keine *Gesundheits*vorsorge. Nicht umsonst sprechen wir von Krankenkassen, Krankenversicherungen und Krankenkost. Inzwischen ist Krankheit zu einem volkswirtschaftlichen Problem ersten Ranges geworden. Anspruchsdenken und Raubbau an unserer Gesundheit – durch falsche Ernährung und gesundheitsschädliche Umwelteinflüsse, aber auch durch eine auf Symptome fixierte, materialistisch orientierte Medizin – haben dazu geführt, dass unser *Kranken*wesen nicht mehr bezahlbar ist.

Es ist also höchste Zeit für ein neues Gesundheitswesen, für Gesundheitsvorsorge und -erhaltung, für Gesundheitskost usw., nicht nur wegen der Unbezahlbarkeit des Systems, sondern vor allem zugunsten unserer Gesundheit. Die Grundlage dafür sind die richtige geistige Einstellung, ein ganzheitliches Menschen- und Weltbild sowie das Verständnis für das subtile und komplexe Ineinandergreifen seelischer, geistig-emotionaler und körperlicher Vorgänge im Organismus Mensch.

Im Gesundheitsbereich dient diese Erkenntnis Heilpraktikern, Naturheilkundigen, Homöopathen und aufgeschlossenen Ärzten seit langem als Fundament ihrer Diagnostik und Therapien.

Zukunft mit Naturheilkunde

Die Naturheilkunde (seit Paracelsus) und die Homöopathie (seit Hahnemann) stellen weithin anerkannt einen wichtigen Teil der Gesundheitsfürsorge dar. Dabei rücken diejenigen Ansätze, die den Menschen als »Energiesystem« verstehen, immer stärker in den Mittelpunkt. Neuere Stichworte dazu sind »Bachblüten-Essenzen«, »Farbtherapie«, »Schüßlersalze«, aber auch »Meditation«. Damit wird fortgesetzt, was Jahrtausende und Jahrhunderte zuvor mit Akupunktur, Homöopathie, Pflanzenheilkunde und Ähnlichem begonnen wurde.

Warum sollte es eigentlich nicht möglich sein, dass sich die verschiedenen Ansichten und Therapieformen sinnvoll miteinander verbinden lassen – zum Wohle der Menschen? Häufig genug gehen Vertreter etablierter (wirtschaftlicher) Interessen immer noch dem unvoreingenommenen Dialog aus dem Weg. Der Dialog unter den Ganzheitsmedizinern, Homöopathen und Heilpraktikern verschiedener Herkunft und Ausrichtung ist dagegen, scheint mir, auf einem guten Wege.

Gesundheit ist keine Ware

Dass jeder Einzelne eigene Verantwortung für die Gesundheit trägt, muss weiterhin im Bewusstsein der Patienten stehen. Gesundheit ist keine Ware, die eingekauft werden kann! Andererseits gilt aber genauso, dass der Bewusstseinsstand des Behandlers wesentlich mitbedingt, wie die Behandlung und ihr »Erfolg« aussehen.

In diesem Sinne gibt das vorliegende Handbuch sowohl grundlegende Einführungen wie praktische Hinweise und Anleitungen zu wichtigen natürlichen Heilweisen. Es richtet sich an Heilkundige und alle Menschen, die selbst aktiv etwas für ihre Gesundheit tun möchten. Es will Brücken bauen und zeigt fruchtbare Ergänzungen auf, wie unterschiedliche Heilweisen auf sinnvolle Weise miteinander verbunden werden können.

Was heilt, ist richtig!

»Wer heilt, hat Recht!« Diese Volksweisheit wollen wir abwandeln in: »Was heilt, ist richtig – für den jeweiligen Menschen!«

Eine der aufregendsten Wiederentdeckungen unserer Zeit in der Heilkunde ist die Erkenntnis, dass Gesundheit einen ganz bestimmten harmonischen Schwingungszustand darstellt und dass die Abweichung von dieser Harmonie als »Krankheit« erlebt wird. Wenn Gesundheit eine harmonische, Krankheit eine disharmonische Schwingung ist, dann kann man also mit den richtigen Schwingungen den Zustand des Menschen wieder von »Krankheit« zu »Gesundheit« verändern:

»Die richtige Schwingung heilt!«

Leben ist Schwingung

Alles im Leben und in der vielgestaltigen Schöpfung wird von Energieschwingungen geschaffen und durchdrungen. Über diese Energieschwingungen steht *alles* in der Schöpfung mehr oder weniger intensiv miteinander in Verbindung.

Jeder Stein, jede Pflanze, jedes Tier und jeder Mensch besitzt seine eigene Schwingung. Alle Formen von Naturkräften, jede Strahlung, wie Licht, Wärme usw., alle Farben und sogar alle Informationen sind Schwingungen. Musik ist bekanntlich Schwingung, die harmonisierend oder harmoniestörend wirken kann. Gedanken sind ebenfalls Schwingungen, sie können sowohl harmonisch wie auch disharmonisch sein.

Chancen und Aufgaben

Chance und Aufgabe des Menschen ist es:

1. sich Art und Wesen der *Schwingungen und Energien bewusst zu machen,* die
   - uns beeinflussen,
   - sich durch uns aufgrund unserer Erbinformationen und unserer Prägungen (Engramme) aus der Vergangenheit auswirken,
   - unsere Persönlichkeit umgeben,
   - wir selbst zum Ausdruck bringen;
2. *zu erkennen, wie wir* rein körperlich und »automa-

tisch« sowohl auf äußere Einflüsse (einschließlich elektromagnetischer Umweltverschmutzung!) wie auf innere Impulse *reagieren*;

3. *zu spüren, welche Schwingungen aus der Seele kommen;*
4. *uns* für jeden Gedanken und für jedes Wort *verantwortlich zu fühlen*, da sie eine wirksame Energie ausstrahlen;
5. und schließlich zu erfahren, *dass alle Kräfte, Energien und Schwingungen ihren Ursprung im Geistigen besitzen.*

Wirkung von Gedanken

Wenn man sich die Wirksamkeit von Gedanken und Worten vergegenwärtigt – im Guten oder im Bösen –, kann man eher akzeptieren, dass jeder Gedanke, den wir hegen, aussprechen oder niederschreiben, eine eigene Kraft in sich birgt, die auszustrahlen beginnt. Wie schnell verändert sich doch das Gesicht eines Menschen, wenn er freundliche oder unwirsche und zurückweisende Worte zu hören bekommt!

Probieren Sie es ruhig einmal aus: Wenn eine Ihnen nahestehende Person eine schwierige Unterredung vor sich hat, sagen Sie ihr, dass Sie in der betreffenden Zeitspanne positiv an sie und die Sache denken werden. Das ist vielfach erprobt und wirkt!

Krankheit ist nichts anderes als ein Zusammenbruch harmonischer Schwingungen bzw. ein Ausstrahlen disharmonischer Energien, die zuvor auf inneren Ebenen erzeugt wurden. Drei historische Zitate drücken das in beispielhafter Weise aus:

»Es ist der Geist, der sich den Körper baut.« (Schiller)

»Die Seele heilt den Körper.« (Platon)

»Der Geist in uns ist der einzige allmächtige Arzt, und das einzige wahre Allheilmittel heißt, sich ihm zu unterwerfen.« (Sri Aurobindo)

1. Kapitel

Die Bachblüten-Essenzen in der Heilpraxis

Die umwälzenden Entdeckungen von Dr. med. Edward Bach

Edward Bach wurde 1886 bei Birmingham in England als Sohn eines Messingfabrikanten geboren. Er trat mit 16 Jahren in die Firma seines Vaters ein. Er spürte indes einen inneren Ruf zur Heilkunde und studierte von 1906 bis 1913 »Schulmedizin«, wie sie an der Londoner Universität seiner Zeit gelehrt wurde. Danach widmete er sich einige Jahre seiner angesehenen Allgemeinpraxis in der berühmten Harley Street, bevor er 1919 noch zusätzlich die Stelle eines Pathologen und Bakteriologen am Londoner Homöopathischen Krankenhaus übernahm.

Edward Bach war schon früh von der Begrenztheit der Heilerfolge rein »schulmedizinischer« Therapien enttäuscht und suchte nach neuen Wegen, angetrieben durch eigene schwerste Krankheitserfahrungen und durch eine überquellende Liebe zu leidenden Mitmenschen.

Ausgangspunkt für seine spätere bahnbrechende Entdeckung der Wirksamkeit von Blütenessenzen waren die eigene Erforschung der so genannten Darmnosoden und die Heiltherapie mit diesen (»Nosoden«: bestimmte Arzneimittel, die durch homöopathische Potenzierung von Krankheitspartikeln hergestellt werden). Edward

Bach stellte zunächst fest, dass eine Reihe von Krankheiten, besonders bestimmte chronische Leiden, über die Entgiftung des Darms am wirkungsvollsten behandelt werden konnten.

7 Gruppen von Gemütszuständen

Im Laufe seiner Arbeiten fand er heraus, dass sieben Hauptgruppen von Bakterien auch sieben Hauptgruppen von Gemütszuständen entsprechen. **Edward Bach erkannte, dass offensichtlich die jeweiligen Gemütszustände etwas mit den Krankheiten der Menschen zu tun haben, dass also ein unmittelbarer, noch ungeklärter Zusammenhang zwischen psychischen Empfindungen und körperlichen Symptomen besteht.** Das bereits war aber bei der noch stärkeren Materialismusgläubigkeit unter den modernen, naturwissenschaftlich geschulten Ärzten seiner Zeit eine ungewohnte Erkenntnis.

Er entwickelte sieben »Bach-Nosoden« aufgrund dieser sieben Bakteriengruppen, mit denen er außerordentlich eindrucksvolle Erfolge erzielen konnte. Dennoch befriedigten ihn seine Erfolge nicht, denn er wollte nicht nur eine bestimmte Kategorie von Krankheiten heilen können, sondern möglichst viele, wenn nicht gar alle!

Edward Bach forschte weiter nach natürlichen, gottgegebenen Heilmitteln, die nicht so kunstvoll und aufwendig hergestellt werden mussten wie seine Nosoden. 1928 fand er die ersten drei der später 38 Bachblüten, die seine Bachnosoden ersetzen sollten.

Anfang 1930 beschloss Edward Bach, London den Rücken zu kehren und sich auf dem Land, in Wales, niederzulassen. Er fühlte sich gedrängt, die lukrative Praxis und die internationale Aufmerksamkeit erweckende Laborarbeit in London zugunsten von Forschungen aufzugeben, die ihn immer stärker der Kritik des medizinischen Establishments aussetzten.

Blütentau heilt

Edward Bach entdeckte mittels zahlreicher Selbstexperimente und auch durch höhere Eingebungen zunächst zwölf, dann schließlich 38 Blüten und Pflanzen als besonders wirksame Heilmittel. Er vermutete, dass im Blütentau die heilbringende Schwingung der jeweiligen Blüte bzw. Pflanze rein und konzentriert enthalten sein müsse.

Seine Nora Weeks zitiert ihn so: »Die Erde ist der Boden, der die Pflanze trägt und sie erhält; die Luft ist es, die sie nährt; die Sonne oder das Feuer befähigt sie, ihre Kraft zu übertragen, und das Wasser schließlich nimmt ihre wohltätigen Heilkräfte auf und speichert sie.« (Aus dem hervorragenden Buch »Edward Bach – Entdecker der Blütentherapie. Sein Leben – seine Erkenntnisse«; siehe Literaturverzeichnis.)

Edward Bach entwickelte eine »Sonnenmethode«, sozusagen ein neues Potenzierungsverfahren, bei dem die frischen Blüten ihre Heilschwingungen auf Wasser übertragen konnten, ohne dass die Blüten dabei zerstört wurden.

Er kehrte der Schulmedizin endgültig den Rücken und ließ sich auch durch Drohungen von Verwaltungsbehörden, ihm die Approbation zu entziehen, nicht darin beirren, Kranke und Gesunde gleichermaßen über die positiven Wirkungen bestimmter Pflanzen zu unterrichten, Kranke zur Selbstheilung anzuregen und Heilkundige auszubilden.

Edward Bachs umwälzendste Erkenntnis – neben der Entdeckung der sieben Hauptgruppen von Gemütszuständen und der Übertragungsweise der Heilkräfte von

Pflanzen auf Wasser – ist zweifellos die Einsicht, dass jede Krankheit das körperlich greifbare, sichtbare, fühlbare Resultat einer disharmonischen Schwingung ist, die bereits viel früher in der Persönlichkeit entstanden ist.

Sein Credo lässt sich etwa so zusammenfassen:

Edward Bachs Erkenntnisse

Die potenzielle Natur des Menschen ist vollkommene Harmonie zwischen Gott bzw. der Schöpferkraft, der Seele, die von derselben Art wie die Schöpferkraft ist, und der individuellen Persönlichkeit. Wenn diese Harmonie durch das »Ego« auf der Persönlichkeitsebene gestört wird, kann Krankheit entstehen. Solche negativen, krankheitsauslösenden Schwingungen können am besten auf inneren Ebenen durch heilende Schwingungen bestimmter Blüten und Pflanzen aufgelöst werden. Gesundung ist die Folge.

Die Seele öffnet sich also der Schöpferkraft und empfängt so die innere Führung, wie dieses Leben zu führen ist. Die Seele versucht diese Führung der individuellen Persönlichkeit weiterzuvermitteln. Oft genug ist die Persönlichkeit (das »Ego«) aber nicht bereit, sich der Führung durch die Seele anzuvertrauen. Es entsteht eine disharmonische Schwingung zwischen Persönlichkeit und Seele. Diese disharmonische Schwingung verstärkt sich immer mehr, wenn sie nicht aufgelöst wird, und führt schließlich zu Krankheit an Körper und Gemüt.

Die heilenden Schwingungen bestimmter Blüten und Pflanzen bewirken bzw. fördern Gesundung durch Harmonisierung der inneren feinstofflichen Gemütsebenen – an der »Schnittstelle« zwischen Ego, Gemüt,

Persönlichkeit usw. einerseits und der Seele andererseits.

Alles Große ist einfach

»Alles Große ist einfach!« Wie zum Beweis dieser Einsicht fand Edward Bach, dass sieben Hauptgruppen von disharmonischen Schwingungen zur Ursache letztlich aller Krankheiten beitragen:

Angst, Unsicherheit, mangelndes Gegenwartsinteresse, Einsamkeit, Überempfindlichkeit, Mutlosigkeit und Überfürsorge. Als er 1936 verstarb, hinterließ er einen bis dahin völlig unbekannten Therapieansatz, der aufgrund unzähliger positiver Erfahrungen eine immer größere Bedeutung gewinnt.

In diesem Handbuch stellen wir diesen Therapieansatz von Dr. Bach originalgetreu und umfassend dar und legen gleichzeitig zum ersten Mal eine systematische Zuordnung der sieben Bach-Gruppen und der 38 Bachblüten-Essenzen zu weiteren, ebenso bedeutenden Therapieformen vor und stellen ihr Zusammenwirken dar.

Kombination von Therapien

Die Bachblüten-Therapie geht von der Wirksamkeit von feinstofflichen Schwingungen aus, genauso wie die Farbtherapie, wie Notfallhomöopathie, die Anwendung der zwölf Schüßler'schen Lebens- bzw. Mineralsalze und nicht zuletzt die Meditation und Affirmationen.

Wir meinen, dass man in der Heilkunde einen vernünftigen Weg suchen soll, bewährte Therapien miteinander anzuwenden, ohne dogmatisch nur einer einzigen den Vorrang vor allen anderen zuzumessen. Die richtige Schwingung heilt, und komplementäre Schwingungen, die auf verschiedenen Ebenen von Körper, Geist und Seele ansetzen, können ihre Wirksamkeit gegenseitig verstärken. Im Folgenden wird zunächst die Bachblüten-Therapie beschrieben, später dann die anderen Heilweisen und ihre Wechselbeziehungen.

Die sieben Formen von Harmoniestörungen

Edward Bach hatte sieben grundlegende Harmoniestörungen der Persönlichkeit als Ursache aller Krankheitserscheinungen erkannt. In seinem Büchlein »The Twelve Healers and Other Remedies« ordnet er die von ihm entdeckten 38 Bachblütenessenzen ausdrücklich sieben Gruppen zu.

In seinem Vorwort dazu heißt es: »Keine Wissenschaft, kein Wissen ist über die hier beschriebenen einfachen Methoden hinaus notwendig.«

Für uns bedeutet dies, dass zu seinen 38 Blütenessenzen keine anderen hinzugesucht werden müssen und dass seine eigenen Beschreibungen und Einordnungen der 38 Mittel durchaus genügen. Das schließt aber nicht aus, Edward Bachs feinstofflich und durch subtile Schwingungen wirkende Heil- und Harmonisierungsmethode mit anderen erprobten Naturheilweisen zu ergänzen und zu unterstützen! Kein verantwortlicher Heilkundiger würde eine anderweitig notwendige Diagnose und Therapie versäumen und sich nur auf einen Weg versteifen.

Sieben Persönlichkeitstypen

Eine Aufteilung in sieben Gruppen hatte Edward Bach bereits früher vorgenommen. Wie schon gesagt, entwickelte und heilte er zunächst mit sieben Darmnosoden. Grundlage dafür war seine Entdeckung, dass Giftstoffe von bestimmten Bakterien im menschlichen Darm die Ursache von chronischen Krankheiten waren. Wenn die Gifte ausgeschleust wurden, verschwanden die Leiden. Daraufhin entwickelte er Darmbakterien-Impfstoffe und Darmnosoden. Sein Ziel war allerdings, Impfstoffe und Nosoden durch reine Heilmittel aus der Natur zu ersetzen.

Er unterschied sieben Persönlichkeitstypen von Patienten mit sieben klar identifizierbaren Charakterstrukturen und Gemütssymptomen.

Wir sehen keinen Anlass, diese Aufteilung in sieben Hauptgruppen aufzugeben, wie es manche Autoren heute tun. Wir wollen uns auch in der Beschreibung der Gemütszustände, Symptome und Anwendungsgebiete an Edward Bachs eigene fundierte Erkenntnisse halten und es dem Leser selbst freistellen, weitergehende Interpretationen für sich herauszufinden.

Diese sieben Gruppen sind:

1. Angst
2. Unsicherheit
3. Mangelndes Interesse für die Gegenwart
4. Einsamkeit
5. Überempfindlichkeit für Einflüsse und Ideen
6. Mutlosigkeit – Verzweiflung
7. Übertriebene Sorge um das Wohl anderer

Edward Bachs Grundsatz

Edward Bachs Heilungsgrundsatz lautete: »Kümmere dich nicht um die Krankheit, denke nur an die Lebenseinstellung des Leidenden.«

Es folgen originalgetreu die Beschreibungen der 38

Bachblüten-Essenzen. (Die Zahl in Klammern hinter den Namen gibt ihre Nummerierung nach Edward Bach – von 1 bis 38 – wieder.) Auf Seite 59 ff. finden Sie eine Übersicht zum schnelleren Auffinden der Mittel, nach den sieben Gruppen, alphabetisch und nach ihrer Nummerierung geordnet.

1. Bei Angst

Die Bachblüten dieser Gruppe stärken das URVERTRAUEN

Rock Rose – Gelbes Sonnenröschen (26)
Das Notfallmittel
- für Fälle, bei denen es keine Hoffnung mehr zu geben scheint;
- bei Unfällen oder plötzlicher Krankheit;
- wenn der Patient sich sehr fürchtet oder unter Schock steht;
- wenn der Zustand des Patienten so ernst ist, dass dies bei den Umstehenden große Angst auslöst.
- Wenn der Patient ohne Bewusstsein ist, kann man seine Lippen mit dem Mittel benetzen.

Andere Essenzen können zusätzlich notwendig werden – bei einer tiefschlafähnlichen Bewusstlosigkeit: Clematis (9); bei qualvollem Leiden: Agrimony (1); usw.

Mimulus – Gefleckte Gauklerblume (20)
Bei Furcht vor weltlichen Dingen und Angelegenheiten wie Krankheit, Schmerzen, Unfällen, Armut, Dunkelheit, Einsamkeit, Unglück, das heißt den so genannten Alltagsängsten.

Für Menschen, die ihre Ängste still und heimlich mit sich herumschleppen und darüber nicht frei zu anderen sprechen.

Cherry Plum – Kirschpflaume (6)
Bei Angst vor mentaler Überanstrengung, bei Furcht, den Verstand zu verlieren und fürchterliche bzw. gefürchtete Dinge zu tun, die man nicht zu tun wünscht und als falsch erkennt, während trotzdem Gedanken und Impulse auftreten, sie zu tun.

Aspen – Zitterpappel (2)
Bei vagen, nicht erkennbaren Ängsten, für die es weder eine Erklärung noch einen Grund gibt.

Der Patient mag von Schrecken darüber erfüllt sein, dass sich etwas Entsetzliches ereignen wird, das er aber nicht genau bestimmen kann. Diese unerklärlichen Ängste können ihn sowohl nachts wie auch tagsüber verfolgen.

Menschen, die darunter leiden, trauen sich oft nicht, mit anderen über diese Probleme zu sprechen.

Red Chestnut – Rote Kastanie (25)
Für Menschen, die es schwierig finden, sich um andere Menschen keine Sorgen zu machen.

Oft haben diese Menschen aufgehört, sich um sich selbst Sorgen zu machen, aber sie leiden viel um jene Menschen, denen sie zugeneigt sind, und sehen für diese Menschen oft unglückliche Ereignisse voraus.

2. Bei Unsicherheit

Die Bachblüten dieser Gruppe bauen das SELBSTBEWUSSTSEIN auf

Cerato – Bleiwurz (5)
Für Menschen, denen es an ausreichendem Selbstbewusstsein mangelt, um ihre eigenen Entscheidungen zu treffen.

Sie suchen ständig nach Ratschlägen von anderen und werden dabei oft fehlgeleitet.

Scleranthus – Einjähriger Knäuel (28)
Für jene, die sehr darunter leiden, sich nicht zwischen zwei Dingen entscheiden zu können.

Üblicherweise handelt es sich um stille Menschen, die ihr Problem alleine tragen und es nicht mit anderen besprechen mögen.

Gentian – Bitterer Enzian (12)
Für Menschen, die sich leicht entmutigen lassen.

Sie mögen ihre Krankheit rasch überwinden oder gut in ihren Alltagsangelegenheiten vorankommen, aber jede kleine Verzögerung oder ein Hindernis im Fortschritt bewirken Zweifel und beeinträchtigen bald ihr Selbstvertrauen.

Gorse – Stechginster (13)
Bei sehr großer Hoffnungslosigkeit; für Menschen, die den Glauben aufgegeben haben, dass ihnen noch geholfen werden kann.

Solche Menschen mögen verschiedene Heilmittel und Therapien ausprobieren, um andere zufriedenzustellen oder weil sie dazu gedrängt werden, sie versichern aber bereits gleichzeitig ihrer Umwelt, dass sehr wenig Aussicht auf Besserung besteht.

Hornbeam – Hainbuche (17)
Für Menschen, die meinen, dass es ihnen an ausreichender geistiger oder körperlicher Kraft fehle, um die ihnen aufgebürdete Lebenslast zu tragen.

Die Alltagsanforderungen scheinen ihnen unerfüllbar, obwohl sie ihre Aufgaben meist erfolgreich erledigen.

Für jene, die glauben, dass irgendetwas an Verstand, Gemüt oder Körper erst gestärkt werden müsse, bevor sie ihre Arbeit leichter schaffen können.

Wild Oat – Waldtrespe (36)
Für Menschen,
- welche den Ehrgeiz haben, etwas Herausragendes im Leben zu vollbringen;
- die viel erleben und alles ihnen Erreichbare genießen wollen;
- die das Leben ausschöpfen wollen.

Ihre Unsicherheit bzw. Schwierigkeit besteht darin, sich über ihre berufliche Tätigkeit nicht klarzuwerden. Denn trotz starker Neigungen spüren sie keine eindeutige Berufung. Das kann zu Verzögerungen und Unzufriedenheiten führen.

3. *Bei mangelndem Interesse für die Gegenwart*

Clematis – Weiße Waldrebe (9)
Für Menschen, die träumerisch oder schläfrig sind und kein großes Interesse am Leben besitzen.

Die Bachblüten dieser Gruppe fördern die AKTIVE TEILNAHME AM LEBEN

Es sind stille Menschen, die in ihren gegenwärtigen Umständen nicht wirklich glücklich sind und die mehr in der Zukunft als in der Gegenwart leben – in der Hoffnung auf glücklichere Zeiten, wenn ihre Ideale Wahrheit werden mögen.

Bei Krankheit unternehmen manche dieser Menschen wenig oder keinerlei Anstrengung, gesund zu werden, und sehnen sich in gewissen Fällen sogar nach dem Tod, wiederum in der Hoffnung auf bessere Zeiten oder in der Erwartung, »drüben« einen lieben verstorbenen Menschen zu treffen.

Honeysuckle – Jelängerjelieber (16)
Für Menschen, die viel in der Vergangenheit leben – vielleicht in einer Zeit großen früheren Glücks, in Erinnerungen an einen verstorbenen Freund oder an Ambitionen, die sich nicht verwirklichen ließen.

Sie erwarten kein größeres Glück mehr als das, welches sie bereits erlebt haben.

Wild Rose – Heckenrose (37)

Für jene,

- die sich anscheinend ohne erklärlichen Grund in alles schicken, was passiert;
- die einfach durchs Leben gleiten, es nehmen, wie es ist, ohne jede Bemühung, etwas zu verbessern und etwas Freude zu finden.

Solche Menschen haben sich klaglos dem Lebenskampf ergeben.

Olive – Olive (23)

Für Menschen, die geistig oder körperlich viel gelitten haben und so erschöpft und überfordert sind, dass sie meinen, keine Kraft mehr zu besitzen, um irgendeine weitere Bemühung zu unternehmen.

Das tägliche Leben ist für sie freudlose, harte Arbeit.

White Chestnut – Weiße Kastanie (35)

Für jene, die nicht verhindern können, dass unerwünschte Gedanken, Ideen und Streitigkeiten ihr Gemüt besetzen. Das tritt normalerweise auf, wenn das Augenblicksinteresse nicht stark genug ist, um ihr Gemüt zu fesseln und zu erfüllen.

Bei Gedanken, die ständig Sorgen verursachen und auch dann wieder auftauchen, wenn man sie zeitweise verworfen hat. Sie scheinen laufend um einen zu kreisen und bewirken geistige Qualen.

Die Gegenwart solcher unerfreulicher Gedanken stört den Gemütsfrieden und behindert die Fähigkeit, sich auf die Arbeit oder die Freude des Tages zu konzentrieren.

Mustard – Ackersenf (21)
Für Menschen, die zeitweise schwermütigen Anwandlungen oder gar Verzweiflungsstimmungen erliegen, als ob eine kalte dunkle Wolke sie überschattet und Licht und Lebensfreude verbirgt. Für solche Anfälle mag es keinen Grund und keine Erklärung geben.

Unter solchen Bedingungen ist es fast unmöglich, sich glücklich oder heiter zu fühlen und dieses seinen Mitmenschen zu vermitteln.

Chestnut Bud – Knospe der Rosskastanie (7)
Für jene, die sich Lebenserfahrungen und -beobachtungen nicht voll zunutze machen und die länger als andere brauchen, um die Lektionen des Alltags zu lernen.

Während für manche Menschen eine einzige Erfahrung genügen würde, um die entsprechende Einsicht zu gewinnen, finden es diese Menschen notwendig, mehrere, manchmal viele gleichartige Erfahrungen zu machen.

Deshalb stellen sie zu ihrem Bedauern fest, dass sie bei verschiedenen Gelegenheiten häufig denselben Irrtum begehen, wobei eine einmalige Erfahrung sie eigentlich davor behüten müsste oder die Beobachtung anderer ihnen sogar diesen einen Fehler hätte ersparen können.

4. Bei Einsamkeit

Die Bachblüten dieser Gruppe führen zum Erleben des EINS-SEIN

Water Violet – Sumpfwasserfeder (34)
Für Menschen,
- die – ob gesund oder krank – allein sein wollen;
- die sehr still sind, sich lautlos bewegen, wenig und sanft sprechen;
- die unabhängig, tüchtig und selbstbewusst und fast völlig frei von der Meinung anderer sind.

Solche Menschen stehen über den Dingen, lassen andere in Ruhe und gehen ihre eigenen Wege; oft sind sie klug und talentiert. Ihre Ruhe und ihr innerer Frieden können ein Segen für die Umwelt sein.

Impatiens – Drüsentragendes Springkraut (18)
Für jene, die schnell in Gedanke, Wort und Tat sind und möchten, dass alles ohne Zögern oder Verzögerung geschieht.

Bei Krankheit warten sie ungeduldig auf rasche Genesung.

Sie empfinden es als schwierig, Geduld für langsame Menschen aufzubringen, weil sie Langsamkeit als falsch und eine Zeitverschwendung betrachten; daher werden sie sich bemühen, solche Menschen in jeder Hinsicht rascher zu machen.

Oft ziehen sie es vor, allein zu arbeiten, damit sie alles in ihrem eigenen Tempo erledigen können.

Heather – Heidekraut (14)

Für Menschen, die immer die Gesellschaft anderer suchen – wer immer auch gerade zur Verfügung stehen möge –, weil sie es als notwendig erachten, ihre eigenen Angelegenheiten mit anderen Personen zu besprechen.

Sie sind sehr unglücklich, wenn sie auch nur kurze Zeit allein sein müssen.

5. Bei Überempfindlichkeit für Einflüsse und Ideen

Die Bachblüten dieser Gruppe helfen, EIGENVERANTWORTUNG zu übernehmen

Agrimony – Odermennig (1)
Für jene umgänglichen, jovialen, heiteren und humorvollen Zeitgenossen, die ihren Frieden lieben, sich von jeder Debatte oder jedem Streit sehr belastet fühlen und bereit sind, viel zu tun, um solche Unannehmlichkeiten zu vermeiden.

Obwohl sie im allgemeinen Probleme haben, ihr Gemüt oder ihr Körper darunter leidet und sie eigentlich unruhig und voller Sorge sind, verstecken sie das, was sie beschäftigt, hinter ihrem Humor und Witz. Sie gelten als sehr gute Freunde.

Oft missbrauchen sie Alkohol oder Drogen, um sich zu stimulieren und sich so scheinbar zu helfen, ihre Prüfungen fröhlich zu ertragen.

Centaury – Tausendgüldenkraut (4)
Für Menschen, die freundlich, still und sanft sind, dabei übereifrig anderen dienen wollen und bei ihren Unternehmungen ihre Kräfte überschätzen.

Ihr Streben überwältigt sie derart, dass sie mehr zu Bediensteten als zu freiwilligen Helfern werden. Ihre Gutmütigkeit lässt sie mehr als ihren Arbeitsanteil übernehmen, und dann kann es ihnen passieren, dass sie ihre eigene Lebensaufgabe vernachlässigen.

Walnut – Walnuss (33)
Für diejenigen, die feste Ideale und Ambitionen im Leben verfolgen und meistens auch erreichen, aber bei seltenen Gelegenheiten durch Begeisterung, Überzeugungskraft oder kraftvoll vertretene Ansichten anderer in Versuchung geführt werden, von ihren eigenen Ideen, Zielen und Arbeiten abzukommen.

Dieses Mittel bietet Beständigkeit und Schutz vor äußeren Einflüssen.

Holly – Stechpalme (15)
Für Menschen, die bisweilen von negativen Gedanken wie Eifersucht, Neid, Rachsucht und Misstrauen befallen werden; für die verschiedenen Formen von Ärger und Irritationen.

Sie leiden viel, obwohl sie keinen tatsächlichen Grund dazu haben.

6. Bei Mutlosigkeit – Verzweiflung

Die Bachblüten dieser Gruppe geben ZUVERSICHT

Larch – Lärche (19)
Für solche,
- die sich für nicht so gut und tüchtig halten wie die Menschen ihrer Umgebung;
- die ständig erwarten zu versagen und meinen, dass sie niemals erfolgreich sein werden.

Diese Menschen wagen nichts und machen auch keine wirklich kraftvollen Anstrengungen, um Erfolg zu haben.

Pine – Föhre (24)
Für Menschen, die die Schuld immer bei sich selber suchen, die selbst im Erfolg denken, dass sie noch besser hätten sein können, und die mit ihren Bemühungen oder den Ergebnissen nie zufrieden sind.

Solche Menschen arbeiten hart und leiden viel unter Fehlern, welche sie sich selbst zuschreiben.

Wenn manchmal ein Fehler passiert, der eindeutig von einem anderen verursacht wurde, übernehmen sie sogar dafür noch die Verantwortung.

Elm – Ulme (11)
Für jene, die gute Arbeit leisten, ihrer Berufung treu folgen und hoffen, etwas Wichtiges zu vollbringen, das dem Wohl der Menschheit dient.

Sie können aber bisweilen Zeiten der Niedergeschlagenheit erfahren, in denen sie meinen, dass die verfolgte Aufgabe zu schwierig und nicht mit menschlichen Kräften zu bewältigen sei.

Sweet Chestnut – Edelkastanie (30)
Für Augenblicke,
- wenn die Verzweiflung unerträglich scheint;
- wenn Geist, Gemüt oder Körper spüren, dass man bis zur äußersten Grenze der Belastbarkeit gegangen ist und jetzt daran zu zerbrechen droht;
- wenn es so aussieht, als ob man nichts als Zerstörung und Vernichtung zu erwarten hat.

Star of Bethlehem – Doldiger Milchstern (29)
Für Menschen, die stark unter Umständen leiden, wodurch sie zeitweise sehr unglücklich werden.

Dazu gehören Schock durch traurige Nachrichten, der Verlust eines lieben Menschen, die Angst nach einem Unfall usw.

Jenen, die es vorübergehend ablehnen, Trost zu empfangen, bringt dieses Mittel Linderung.

Willow – Weide (38)
Für Menschen, die Anfeindungen oder Schicksalsschläge erleiden und diese schwer ohne Klagen und Verbitterung annehmen können, da sie das Leben hauptsächlich danach beurteilen, welche Erfolge es mit sich bringt.

Sie finden, dass sie diese schweren Prüfungen nicht verdient haben, sie fühlen sich ungerecht behandelt und werden dabei verbittert.

Oft sind sie weniger an jenen Dingen des Lebens interessiert, an denen sie früher Freude hatten, und nehmen daran auch weniger aktiv teil.

Oak – Eiche (22)

Für diejenigen,

- die sich anstrengen und sehr darum kämpfen, gesund zu werden;
- die sich im Alltag sehr anstrengen und kämpfen und eins nach dem anderen versuchen, obwohl ihr Fall hoffnungslos erscheinen mag.

Sie fahren trotzdem fort zu kämpfen und sind mit sich selbst unzufrieden, wenn sie durch Krankheit in ihren Pflichten oder bei der Hilfe für andere behindert werden.

Es handelt sich um tapfere Menschen, die gegen große Schwierigkeiten ankämpfen, ohne die Hoffnung zu verlieren oder in ihrem Bemühen nachzulassen.

Crab Apple – Holzapfel (10)

Dies ist das Reinigungs- und Entgiftungsmittel.

Es ist für jene Menschen, die spüren, dass sie etwas Unreines an sich oder in sich haben.

Oft ist das Unreine etwas scheinbar Unwichtiges; in anderen Fällen mag es sich um eine ernsthafte Krankheit handeln, die fast übersehen wird, weil man sich auf anderes konzentriert.

Beide Charaktere sind ängstlich darum bemüht, sich von jener einen Sache zu befreien, die ihr Gemüt am stärksten in Anspruch nimmt und die ihrer Meinung nach auf jeden Fall geheilt werden muss.

Sie neigen zur Verzweiflung, wenn eine Behandlung versagt.

Als Reinigungsmittel kann dieses Mittel auch Wunden reinigen, falls der Patient Anlass hat zu glauben, dass irgendein Gift in seinen Körper eingedrungen ist, was entfernt werden muss.

7. Bei übertriebener Sorge um das Wohl anderer

Die Bachblüten dieser Gruppe führen zu besserer UNTERSCHEIDUNGSKRAFT

Chicory – Wegwarte (8)
Für Menschen, die sehr auf die Bedürfnisse anderer achten, dazu neigen, sich übertrieben um Kinder, Verwandte oder Freunde zu sorgen, und immer irgendetwas finden, was zurechtgerückt werden muss.

Ständig korrigieren sie etwas, was sie als falsch erachten, und haben Freude daran. Sie wünschen, dass jene, um die sie sich kümmern, um sie herum sind.

Vervain – Eisenkraut (31)
Für Menschen mit festen Prinzipien und fixen Ideen, die sie für richtig halten und selten ändern.

Sie hegen den großen Wunsch, ihre ganze Umgebung zu ihren Lebensanschauungen zu bekehren.

Sie sind willensstark und legen viel Mut an den Tag, wenn sie von denjenigen Dingen, die sie anderen vermitteln wollen, überzeugt sind.

Bei Krankheit arbeiten sie auch dann weiter, wenn andere ihre Pflichten längst aufgegeben hätten.

Vine – Weinrebe (32)
Für sehr tüchtige Menschen, die sich ihrer Fähigkeiten sicher sind und auf ihren Erfolg vertrauen.

Aufgrund dieser Selbstsicherheit denken sie, dass es zum Besten ihrer Mitmenschen wäre, wenn sich diese von derselben Lebensart überzeugen ließen, wie sie selbst sie haben oder wie sie sie für richtig halten.

Selbst bei Krankheit geben sie ihren Pflegern Anweisungen.

Diese Menschen können in Notfällen sehr wichtig und hilfreich sein.

Beech – Rotbuche (3)

Für jene, die das Bedürfnis verspüren, mehr Gutes und mehr Schönheit in ihrer Umwelt zu sehen, und die, obwohl vieles falsch bzw. schlecht erscheint, die Fähigkeit entwickeln möchten, das Gute im Inneren zu entdecken.

Damit können sie toleranter, nachgiebiger und verständnisvoller dafür werden, dass jedes Individuum und alle Dinge auf ihre eigene Vollendung hinarbeiten.

Anmerkung: Das in diesem Fall etwas kryptisch formulierte englische Original hat manche Interpreten dazu verleitet, ziemlich willkürliche eigene Deutungen anzubieten, wie z. B. *Beech* als Mittel bei Intoleranz, Kritiksucht und Urteilssucht zu empfehlen. Dem können wir uns aufgrund unserer Erfahrungen nicht anschließen. Es handelt sich bei den unter *Beech* fallenden Gemütszuständen gerade darum, dass diese Menschen das Wohl ihrer Mitmenschen im Auge haben und eben nicht einfach nur intolerant und kritiksüchtig sind. (Man darf nicht übersehen, dass *Beech* in der siebten Gruppe

»Übertriebene Sorge um das Wohl anderer« aufgeführt wird!)

Rock Water – Heilquellwasser (27)

Für Menschen,

- die in ihrer Lebensführung sehr strikt sind; die sich viele Freuden und Genüsse des Lebens versagen, weil sie meinen, dass diese ihre Arbeit stören könnten.

Sie sind sich selbst strenge Meister. Sie möchten gesund, stark und attraktiv sein und werden alles tun, was ihnen dabei Hilfe verspricht. Sie hoffen, ein Beispiel für andere zu sein, die ihren Ideen folgen und daran wachsen sollen.

Das Rescue Remedy

Notfallmittel

Edward Bach fand Anfang der dreißiger Jahre vorigen Jahrhunderts heraus, dass die Kombination von fünf Einzelessenzen als Notfallmittel, das so genannte *Rescue Remedy* oder Erste-Hilfe-Mittel, besonders wirksam ist. Dieses *Rescue Remedy* enthält in Tropfenform:

- **Star of Bethlehem** (29) bei Schock
- **Rock Rose** (26) bei Schrecken und Panik
- **Impatiens** (18) bei mentalem Stress und Spannungszuständen
- **Cherry Plum** (6) bei Verzweiflung
- **Clematis** (9) bei Abwesenheitsgefühlen, die manchmal Vorboten von Ohnmacht oder Bewusstlosigkeit sind.

Die *Rescue-Remedy-Salbe* enthält zusätzlich:

- **Crab Apple** (10) zur Reinigung.

Das Bach Centre in Mount Vernon berichtet, wie Edward Bach das *Rescue Remedy* zum ersten Mal anwandte.

Ein kleines Frachtschiff, voll beladen mit Ziegeln und Kacheln, zerschellte vor der Küste von Cromer in einem Sturm. Die beiden Seeleute an Bord hangelten sich mühevoll zum noch über die Brandung ragenden Mast empor, um dort Stunden auszuharren, bis ein Rettungsboot sie durch die stürmische See ansteuern konnte.

Der jüngere der beiden Seeleute war bei der Rettung bereits bewusstlos und blau im Gesicht, seine Montur steif vor Seesalz. Edward Bach benetzte seine Lippen mit dem *Rescue Remedy*, um ihm über den großen

Schock hinwegzuhelfen. Der Mann gewann sein Bewusstsein sogleich zurück, setzte sich auf und konnte sich aufwärmen und versorgen lassen. (Vergleiche auch Nora Weeks Buch über Edward Bachs Leben, siehe Literaturverzeichnis.)

Notfälle Das *Rescue Remedy* wird bei allen größeren oder kleineren Notfällen eingesetzt; z. B. bei
- großen Sorgen
- schlechten Nachrichten
- nach einem Unfall oder Unglück
- kleineren Schnitten oder Stichen
- Angstzuständen
- Schock, Schreck und Panik
- tiefer Verzweiflung
- übermäßiger Anspannung usw.

Auch das *Rescue Remedy* ersetzt nicht die heilkundige Behandlung!

Es dient vielmehr als Erste Hilfe, um den Patienten wieder zu beruhigen und sein Vertrauen in sich selbst und seine rasche Heilung bzw. Besserung aufzubauen oder wiederherzustellen, bis ein sachkundiger Heiler aufgesucht werden kann.

Deshalb empfiehlt es sich, ein Fläschchen *Rescue Remedy* zu Haus, im Auto, am Arbeitsplatz und in der Handtasche immer parat zu haben.

Anwendung, Dosierung und Praxistipps

Die wichtigsten Hinweise zur Anwendung sind:

1. Mit den Bachblüten-Essenzen wird der Mensch, nicht die Krankheit behandelt. (Die richtige Schwingung heilt!) Es geht nicht um den Namen der Krankheit oder die Symptome, sondern um den Gemütszustand (Angst, Unsicherheit usw.) des Patienten; die disharmonische Schwingung der Persönlichkeit wird wieder auf die harmonischen Schwingungen der Seele bzw. des Selbst eingestellt.

Nur echte Bachblüten-Essenzen

2. Wir meinen aufgrund der eigenen langjährigen Erfahrung in der Heilpraxis sowie aufgrund von intensivem Gedankenaustausch in Europa und den USA, dass vor allem die in allen Apotheken erhältlichen Bachblüten-Essenzen aus dem Dr. Edward Bach Centre, Mount Vernon, die Gewähr der rechten Zubereitung, Reinheit und Wirksamkeit im Sinne Edward Bachs bieten. Sollte einmal aus politischen oder wirtschaftlichen Gründen ein Bezug dieser Bachblüten-Essenzen nicht mehr möglich sein, verweisen wir auf die von Edward Bach selbst gegebenen Hinweise zur Selbstzubereitung und auf das hervorragende Buch von Julian und Martine Barnard: »Das Bach-Blüten Wunder«. Die Schweizer Bachblü-

ten sind indes inzwischen zu einer echten Alternative geworden.

3. Die einfachsten Methoden zur Bestimmung des rechten Mittels bestehen in folgenden alternativen bzw. sich ergänzenden Schritten:
   a) Man prüft, unter welche der sieben Gruppen der derzeitige Gemütszustand fällt; dann liest man die einzelnen Beschreibungen und nimmt jene Blütenessenz, deren Beschreibung der Verfassung der Hilfesuchenden am nächsten kommt.
   b) Manche Menschen möchten sich rein intuitiv und von innen heraus, von ihrer Seele oder ihrem Selbst, leiten lassen. Dann kann man sich eines Pendels, eines Bio-Tensors oder eines ähnlichen Hilfsmittels bedienen.

Bachblüten-Farbkarten

Wir haben – auch zur Erleichterung beim Herausfinden der richtigen Bachblüten-Essenzen und ihrer jeweiligen Schwingungen – die ersten Bachblüten-Farbkarten entwickelt, die gesondert vorgestellt und behandelt werden (siehe Seite Kapitel 7).

Es kann sein, dass mehr als ein Mittel richtig zu sein scheint. Die bisherigen Erkenntnisse erlauben Kombinationen; manche Fachleute empfehlen bis maximal drei Mittel, andere bis zu sechs. Fangen Sie am besten mit nicht mehr als einem, zwei oder maximal drei an.

Ein ausgeklügeltes, komplizierteres Vorgehen ist unserer Erfahrung nach nicht hilfreich, sondern eher verwirrend. Wie bereits erwähnt: Edward Bach hat in der einzigen, noch von ihm selbst verfassten Erklärung zu den Bachblüten-Essenzen und deren Anwendung eindeutig festgestellt: »Keine Wissenschaft, kein Wissen ist über die hier beschriebenen einfachen Methoden hinaus notwendig.«

Zur Dosierung eine Vorbemerkung:

Keine Nebenwirkungen

Da die Bachblüten-Essenzen rein und unschädlich sind, braucht man keine Angst davor zu haben, sie zu viel oder zu oft einzunehmen, obwohl indes nur wenige Tropfen zur Wirksamkeit der Dosierung notwendig sind. Keines der Mittel kann schaden, falls man sich zum Beispiel bei der Wahl eines Mittels getäuscht haben sollte!

Zur Erinnerung: Wenn die richtige *Schwingung* uns heilt, dann geht es nicht um die Quantität, sondern um die Qualität des Heilmittels.

Dosierung:

Die Fläschchen aus dem Bach Centre, Mount Vernon, sind so genannte »stock bottles«: Vorratsfläschchen, die die Bachblüten-Essenzen als »Konzentrat« enthalten.

Aus diesem »Konzentrat« entnimmt man nun 2 (zwei!) Tropfen und gibt sie in ein mittelgroßes Arzneifläschchen bzw. Tropffläschchen (für ca. 20 bis 30 ml bzw. Gramm).

Dieses Fläschchen wird mit reinem, frischem Quell- oder Brunnenwasser aufgefüllt; falls man sich hinsichtlich der Reinheit des Wassers im Unklaren sein sollte oder kühles Leitungswasser zum Auffüllen benutzt, gibt man einen Teelöffel Weinbrand zur »Konservierung« des Wassers dazu. (Destilliertes Wasser ist nicht empfehlenswert, da es »tot« ist.) Für Kinder oder Menschen, die keinen Alkohol vertragen, kann man auch einen Teelöffel Apfelessig dazugeben.

Vorratsfläschchen und Verdünnungen

Sowohl die Vorratsfläschchen (»stock bottles«) wie die Verdünnungen sollten kühl aufbewahrt werden, vor allem in wärmeren Klimazonen.

Aus diesem Wasserfläschchen, in dem nur 2 bis 4 Tropfen der Bachblüten-Essenz enthalten sind (oder eventuell 2 mal 2 oder 3 mal 3, falls man zwei oder drei Bachblüten-Essenzen als passend gewählt hat und sie nun mischt; **wichtig:** *Rescue Remedy* gilt als *ein* Mittel, obwohl es aus fünf Essenzen besteht),

– nimmt man im Regelfall *4 mal 4 Tropfen pro Tag,* direkt auf die Zunge oder in wenig Wasser, Saft usw. aufgelöst, und behält sie eine kurze Zeit im Mund.
– Es ist günstig, als Erstes am Morgen und als Letztes am Abend die Bachblüten-Tropfen einzunehmen.
– Die Dauer der Einnahme bemisst sich danach, wie lange der jeweils zu harmonisierende Gemütszustand andauert – und nicht danach, wie lange die Krankheitssymptome auftreten.

Edward Bach hat darüber hinaus erklärt,

– dass man in Notfällen auch einige Tropfen alle paar Minuten verabreicht, bis eine Veränderung eintritt,
– in schweren Fällen ungefähr halbstündlich
– und bei chronischen Fällen etwa alle 3 bis 4 Stunden so, wie es der Patient möchte;
– dass bei Bewusstlosigkeit die Lippen benetzt werden,
– dass man auch feuchte Umschläge bei Schmerzen, Entzündungen oder Ähnlichem machen kann, wozu man einige Tropfen aus der Vorratsflasche in eine Wasserschüssel gibt und mit diesem Wasser das Tuch für den Umschlag befeuchtet;
– dass es mitunter auch nützlich sein kann, einige Trop-

fen eines passenden Mittels in das Badewasser oder auf den Badeschwamm zu geben.

Rescue-Remedy-Salbe

Die *Rescue-Remedy-Salbe* wird *äußerlich* angewendet, wie auch alle Bachblüten-Tropfen äußerlich angewendet werden können.

- Die Salbe kann dünn auf Stiche, Bisse, Verbrennungen, Zerrungen, Verstauchungen, Geschwüre usw. aufgetragen werden.
- Die Tropfen (aus der Verdünnung oder notfalls aus den Vorratsfläschchen) können auf ein feuchtes Tuch oder einen Schwamm geträufelt werden, mit dem man Stirn, Wangen, Schläfen oder betroffene Körperpartien bzw. Gliedmaßen benetzt.
- Sowohl die Salbe als auch mit Wasser verdünnte Tropfen können bei Massagen benutzt werden.
- Die *Rescue-Remedy-Tropfen* werden als Notfallmittel häufig auch unverdünnt direkt auf Zunge, Stirn oder die betroffene Körperstelle gegeben (nicht bei offenen Wunden!).

Die Bachblüten-Essenzen zeitigen keinerlei Neben- bzw. Nachwirkungen. Es existiert keine Gefahr der Falsch- oder Überdosierung. Sie beeinträchtigen andere verschriebene Medikamente nicht und werden dadurch auch nicht selbst in ihrer Wirkung beeinflusst!

Bezugsquellen

Die Bachblüten-Essenzen sind heute in allen guten Apotheken erhältlich.

Die wirkungsvolle Kombination, Ergänzung und Verstärkung der Heilschwingungen der Bachblüten-Essenzen mit anderen natürlichen Heilweisen werden in den folgenden Kapiteln ausführlich und zugleich direkt praktisch anwendbar erklärt.

Zuvor möchten wir Ihnen eine Aufstellung zum einfachen Auffinden der Bachblüten geben.

Die Bachblüten-Essenzen im Überblick

Bachblüten-Verzeichnis

nach den sieben Hauptgruppen von Dr. Bach

Bachblüten-Verzeichnis

nach dem Alphabet und der fortlaufenden Nummerierung durch das Dr. Edward Bach Centre, Mount Vernon

Anleitung zur Selbstzubereitung

Wir möchten ausdrücklich wiederholen, dass wir die Selbstzubereitung nicht für den Normal-, sondern nur für den Notfall empfehlen. (Die Schwierigkeiten bei der Selbstzubereitung liegen unter anderem im Zugang zu sehr frischen, gesunden Blüten kräftiger, naturbelassener Pflanzen, zudem in einer Artenvielfalt, wie man sie nicht ohne Weiteres an einem Ort vorfindet.)

Es gibt nach Edward Bach zwei Methoden der Zubereitung: die »Sonnenmethode« und die »Kochmethode«.

Die Sonnenmethode

Man nimmt eine dünnwandige Glasschüssel, die mit dem reinsten Wasser gefüllt wird, das zur Verfügung steht (wenn möglich, mit Wasser aus einer nahen, frischen, reinen Quelle).

Die entsprechenden Blüten werden von den Pflanzen gepflückt und umgehend auf die Wasseroberfläche gelegt, sodass sie diese schwimmend ganz bedecken.

Man lässt die Schüssel mit den Blüten drei oder vier Stunden im strahlenden Sonnenlicht stehen (kürzer nur dann, wenn die Blüten erste Zeichen des Verwelkens zeigen).

Dann nimmt man die Blüten vorsichtig aus der Schüssel und gießt das Wasser in saubere Flaschen, die nur halb gefüllt werden.

Dieses Wasser wird mit ungefähr der gleichen Menge Weinbrand oder Cognac (Brandy) zur Haltbarmachung des Wassermittels aufgefüllt.

Das sind unsere Vorratsflaschen, die so genannten »stock bottles«, aber nicht die Anwendungstropfen zur direkten Einnahme!

Aus diesen Flaschen werden wenige Tropfen für die Zubereitung der Dosierfläschchen entnommen, wie dies zuvor beschrieben wurde (siehe Seite 55 f.).

Mittels der **Sonnenmethode** werden folgende Bachblüten-Essenzen zubereitet: Agrimony, Centaury, Cerato, Chicory, Clematis, Gentian, Gorse, Heather, Impatiens, Mimulus, Oak, Olive, Rock Rose, Rock Water, Scleranthus, Wild Oat, Vervain, Vine, Water Violet, White-Chestnut-Blüten (!). **Rock Water,** Heilquellwasser aus naturbelassenen und unverbauten Quellen, kann – nachdem man es sich, frisch geschöpft, in einer oben offenen Glasschüssel im Sonnenschein noch weiter »aufladen« lässt – auf die gleiche Weise haltbar gemacht und benutzt werden.

Die Kochmethode

Die restlichen Bachblüten-Essenzen werden in sauberem, reinem Wasser eine halbe Stunde lang gekocht.

Anschließend gießt man die Flüssigkeit durch ein Sieb oder am besten durch ein sauberes Leinentuch und einen Trichter in Flaschen, die nicht zu kalt sein dürfen, damit sie nicht platzen, und lässt die Flüssigkeit abkühlen. Danach füllt man sie wieder mit Weinbrand auf.

Weitere Hinweise

Knospe der Rosskastanie: Die Knospen werden vom weißen Kastanienbaum gepflückt, gerade bevor sie aufbrechen.

Bei den anderen Mitteln sollten die Blüten zusammen mit kleinen Stückchen der Stängel zum Kochen verwendet werden; wenn es junge Blätter gibt, nimmt man davon ebenfalls einige.

Obwohl manche dieser Pflanzen ursprünglich aus Südeuropa und Vorderindien stammen, sind sie doch inzwischen in Mitteleuropa heimisch.

2. Kapitel

Die Energie der Farben und unsere Gesundheit

Die Kraft der Farben

Wir leben inmitten von Farben, die Natur steckt voller Farben. Farben sind Schwingungen, Farben sind Energien. Farbe ist Licht, und Farbe ist Leben. Jede Farbe ist allerdings nur *ein Teil* des Lichts. Die Farbbrechung des weißen Sonnenlichts durch ein Prisma ist wohlbekannt. Jede Farbe ist *Teil einer Ganzheit*. Disharmonie in dieser Ganzheit führt zu seelischen und körperlichen Missstimmungen und schließlich zu Krankheiten.

Bewusster Umgang mit Farben

Dieses Kapitel dient als praktische Hilfe, um bewusster mit Farben umzugehen, ihre Energien zu erkennen und einzusetzen. Aber wie selten nehmen wir Farben bewusst wahr! Dabei sprechen wir sogar ausdrücklich vom Morgen- und vom Abendrot, der gelben Sonne, dem blauen Himmel, weißen Schäfchen- und schwarzen Gewitterwolken, den grünen Wiesen, bunten Sommerblumen, gelben Herbstblättern, weißem Sand und blauem Meer …

Aus der Literatur kennen wir die »blaue Blume« der Romantik. Der Volksmund sagt: Grün ist die Hoffnung, Rot ist die Liebe, Gelb ist die Eifersucht, Blau ist die Treue, Schwarz ist die Trauer (bei den Chinesen ist bekanntlich Weiß die Trauerfarbe), Weiß ist die Reinheit – was das althergebrachte reinweiße Hochzeitskleid symbolisiert –, und er kennt auch die »weiße Weste«.

Wenn Sie anfangen, darüber nachzusinnen, fallen Ihnen wahrscheinlich noch eine ganze Reihe weiterer Beispiele ein. Allein die gedankliche Beschäftigung mit oder die gefühlsmäßige Einstellung auf Farben lässt uns ein ganzes Spektrum von Regenbogenfarben innerlich sehen oder sogar fühlen. Und dabei gibt es außer den »materiellen« Farben noch eine überraschende Fülle anderer, metaphysischer oder »astraler« Farben, für die gewisse Menschen empfänglich sind.

Äußere und innere Farben

Unsere Alltagssprache beschreibt nicht nur die Natur um uns herum in ihren Farben, wir kennzeichnen uns selbst ebenfalls mit Farben. Man sagt: »Der ist ja blau.« Oder jemand sei schwarz vor Ärger, gelb oder grün vor Neid, rot vor Zorn oder Aufregung, blau vor Kälte, gelb vor Ärger usw. Und manche lügen das Blaue vom Himmel herunter.

Verliebte sehen die Welt durch eine rosa Brille, das passiert aber auch solchen Menschen, die von irgendetwas übermäßig begeistert sind und dabei die Wirklichkeit nicht mehr ganz wahrnehmen können. Wer bei einer Lüge ertappt wird, bekommt vielleicht rote Ohren. Man ist weiß vor Schreck oder Angst. Wir kennen alle irgendeinen gewohnheitsmäßigen Schwarzseher in unserer Umgebung und stellen fest, ob Urlauber Farbe im Gesicht bekommen haben oder nicht. Diese Farbbezeichnungen sind nicht zufällig entstanden! Sie gehen vielmehr auf konkrete Beobachtungen zurück: Jemand wird tatsächlich im Gesicht tiefrot vor Zorn oder kalkweiß vor Schreck.

Wenn wir sagen: »Du wirst ja ganz gelb vor Neid« (oder Ärger), so ist die betreffende Person im Normalfall natürlich (noch) nicht wirklich gelb. Dennoch:

Wenn man ständig von Neid oder Ärger erfüllt ist, legt sich das auf die Leber und schließlich auf die Galle. Deren Fehlfunktion führt dann dazu, dass sich die Haut oder das Weiß der Augen wirklich langsam gelblich oder sogar grünlich verfärbt.

Seelische Ursachen – körperliche Wirkungen

Damit sind wir beim Zusammenhang zwischen »unsichtbaren« seelischen Ursachen und »sichtbaren« körperlichen Auswirkungen. Darum geht es ja in diesem Handbuch: Wie beeinflussen unsere seelischen Schwingungen unser körperliches Wohlbefinden? Wie hängen Körper, Geist und Seele, wie hängen Spüren, Fühlen, Denken und Sein zusammen? Wie können wir ein ganzheitliches, gesundes und glückliches Leben verwirklichen?

Vorliebe für und Abneigung gegen eine bestimmte Farbe lassen Rückschlüsse auf Lebenseinstellungen, Gemütszustände und sogar körperliches Befinden zu. Dazu ein Beispiel aus der Praxis:

Eine uns bekannte junge Frau hat eine generelle Abneigung gegen Rot. Dies wurde ihr direkt bewusst, als sie eines Tages in einen Raum kam, in dem ein tomatenroter Vorhang vor einer Fenstersüdfront zugezogen war, durch den das Sonnenlicht strahlte. Ihr wurde körperlich übel, sie fühlte Aggressionen in sich aufsteigen und musste den Raum verlassen.

Diese Frau ist vom so genannten Konstitutionstyp her sanguinisch veranlagt: Ihr Blut gerät leichter in Wallung als zum Beispiel bei einem phlegmatischen oder melancholischen Typ. Aber es sind in einem solchen Fall auch andere Ursachen zu erforschen, etwa »Unsicherheit« und/oder »Einsamkeit« gemäß den Bachblüten-Gruppen bzw. Angst vor der Auseinandersetzung mit aktiven »Rot-Kräften«, wenn man es tiefenpsychologisch untersucht.

Ganzheitliche Diagnoseverfahren

Hier setzen ganzheitliche Diagnoseverfahren – über die Konstitutionstypen, Augen (Iris), Kirlianfotografie, Antlitzdiagnose und Intuition – und Therapieformen – Bachblüten-Essenzen, Farbtherapie zum Beispiel mit Komplementärfarben usw.) – ein, um durch die psychische Harmonisierung das körperliche Befinden spürbar zu verbessern.

Wir haben gesagt, Farbe sei Leben. Leben ist eine schöpferische Entwicklung, die sich nach bestimmten Gesetzmäßigkeiten und in Zyklen vollzieht. In den Farben spiegeln sich bestimmte Gesetzmäßigkeiten und Zyklen des Lebens wider. Leben und Licht werden seit Jahrtausenden von uns Menschen erforscht, widerspruchsfreie Erkenntnisse und völlig einheitliche Deutungen gibt es allerdings nicht. Denn das freie Wirken des Geistes erlaubt und verlangt geradezu Vielfalt.

Wir wollen im folgenden Abschnitt eine teilweise subjektive Übersicht zur Einordnung und Bedeutung von Farben geben. Diese Übersicht ist ein Gerüst, damit jeder eigene Beziehungen zu Farben entdecken und entwickeln kann. Es soll eine Hilfe sein, nicht nur selbst »Farbe zu bekennen«, sondern auch mit Farbe bewusst zu leben.

Die Grundzahlen von eins bis neun sind ein Schlüssel für diese Übersicht.

Neun symbolische Schlüssel zu den Farben

Eins Am Anfang steht das *Urlicht*, das die geistige Gesamtheit bzw. Ganzheit aller Farben beinhaltet. Dieses Urlicht ist der Ausgangspunkt der Schöpfung. Es bewirkt (zusammen mit dem Urklang) den Übergang aus der Formlosigkeit in die Form. Es ist transparent; man kann es auch Licht ohne Farbe nennen.

Zwei Aus dem Urlicht folgen das Licht und die Dunkelheit der materiellen Ebenen – es folgen *Weiß und Schwarz*. Beides sind keine Farben im üblichen Sinne, vielmehr Polaritäten bzw. Gegensätze. (Komplementärfarben wie Rot und Grün zum Beispiel sind ja keine Gegensatzfarben, sondern Ergänzungsfarben!)

Im Yin-Yang-Symbol des Ostens findet diese Polarität ihren Ausdruck, interessanterweise oft nicht nur in Schwarz und Weiß, sondern auch in Silber und Gold. Yin und Yang gelten auch als weiblich bzw. männlich (nicht als »gut« und »schlecht«!).

In unserer materiellen Welt wird jedes Licht einen Schatten werfen: Wo Licht ist, ist auch Schatten.

Unsere irdischen Farben lassen sich von ihrer Schwingungsenergie her in Yin und Yang einteilen, in Plus und Minus, weiblich und männlich, in helle und dunkle Farben; manche wirken allerdings auch neutral.

Drei Erst durch Brechung des weißen Lichts entstehen *die drei Primärfarben Blau, Rot und Grün*. Man kann sie auch reine Farben zur Unterscheidung von den Mischfarben nennen.

Blaues, rotes und grünes Licht ergibt in der additiven Farbmischung weiß!

Auf den drei Licht-Primärfarben Blau, Rot und Grün (siehe Illustration unten) bauen viele, nicht alle Farbenlehren auf (siehe auch die Erläuterungen zur Zahl sechs).

Blau gilt überwiegend als yin, minuspolig, weiblich, passiv, kühl;
Rot als überwiegend yang, pluspolig, männlich, aktiv, warm;
Grün als überwiegend neutral.

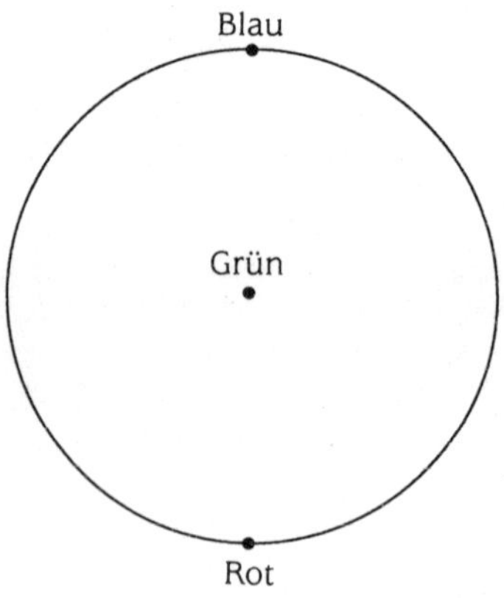

Die *Sekundärfarben* (Mischfarben) des Lichts sind *Gelb, Cyan* und *Magenta*.

Die gebräuchliche Farbeinteilung der *Malfarben* (Pigmentfarben) ist anders! Dort gelten Rot, Blau und Gelb als Primärfarben und Orange, Violett und Grün als Komplementärfarben.

Wenn man nun die bekannte Dreiheit von Körper, Geist und Seele im Rahmen der Pigmentfarben betrachtet, so entspricht Rot als dichteste Farbe dem Körper und seiner Kraft;

Gelb als hellste Farbe dem Geist (damit sind der Verstand und der Mentalbereich gemeint);

Blau als zurückhaltendste Farbe dem Seelischen.

Sie sehen, dass es auf den Standpunkt ankommt, von dem aus man die Farbeinteilung vornimmt. Ein Standpunkt und die daraus folgende Einteilung widersprechen nicht einem anderen Ansatz oder schließen ihn gar aus. Es ist vielmehr richtig und legitim, dass es mehrere Betrachtungsweisen gibt, die sich ergänzen können.

Vier

Der Schweizer Psychologe *Max Lüscher* benutzt in seinem inzwischen weltweit bekannten *Lüscher-Test* vier Farben als Mittel zur psychologischen Beurteilung. Den drei Primärfarben der »Malfarben« fügt er noch Grün hinzu.

Rot steht bei ihm für Selbstvertrauen, Blau für Zufriedenheit, Gelb für Freiheit, Grün für Selbstachtung. Er schreibt, dass die Lebenskunst des »4-Farben-Menschen« in der virtuosen Anwendung der genannten vier Fähigkeiten bzw. Selbstgefühle besteht, und stellt diese Beziehungen her:

Farbe	Empfindung	Verhalten	Selbstgefühl
Rot	bewirkt Erregung	und Aktivität	also Selbstvertrauen (Eigenkraftgefühl)
Blau	bewirkt Ruhe	und Befriedigung	also Zufriedenheit (Einordnung)
Grün	bewirkt Festigkeit	und Beharrung	also Selbstachtung (Identität)
Gelb	bewirkt Lösung	und Veränderung	also Freiheit (Selbstentfaltung)

(Aus: Max Lüscher: »Der 4-Farben-Mensch«, Ullstein 2005.)

Fünf Den *fünf Elementen* der antiken Weisheit entsprechen *fünf Farben*.

- Wasser = Anpassung = Blau
- Erde = Beharrung = Grün
- Feuer = Kraft = Rot
- Luft = Austausch = Gelb
- Äther = Geist = Violett oder irisierend

(irisierend = etwa wie Perlmutt, in allen Farben schimmernd)

Der *Sant-Mat-Yoga* aus Indien und andere uralte Erkenntnisse gehen von folgender Elementelehre aus:

- in Pflanzen ist ein Element aktiv: Wasser;
- in Reptilien sind es zwei Elemente: Wasser und Erde;
- in Vögeln drei: Wasser, Erde und Luft;
- in Säugetieren vier: Wasser, Erde, Luft und Feuer;
- im Menschen fünf: Wasser, Erde, Luft, Feuer und Äther.

Daraus leitet sich übrigens auch die Grundeinsicht der vegetarischen Ernährung ab: Man isst Pflanzen, weil in ihnen nur ein Element aktiv (= bewusst) ist und der Eingriff in die natürliche Ordnung dadurch so gering wie möglich bleibt.

Sechs

Im *Farbkreis* finden wir nach Goethe sechs Farben: die drei Primärfarben Blau, Rot und Gelb und die dazugehörigen Mischfarben Violett, Orange und Grün. Viele verwenden den Farbkreis, der auf Goethes Farbenlehre aufbaut.

Orange und Gelb gelten als yang, plus, hell, warm, aktiv;

Violett und Blau als yin, minus, dunkel, kühl, passiv;

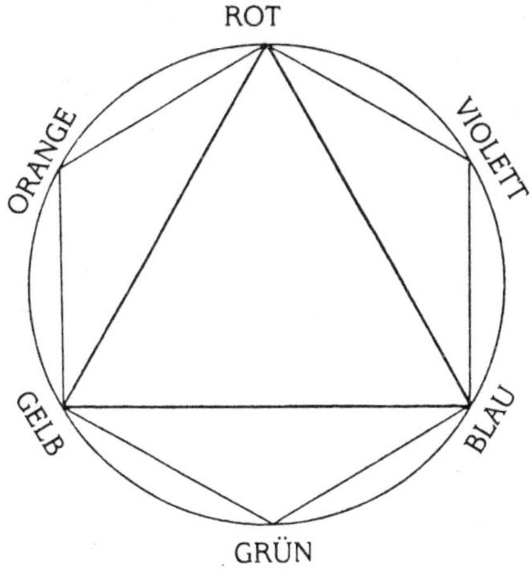

(Aus: Stephanie Faber: »Mein Farbenbuch«, Goldmann 1990.)

Rot kann, je nach »Färbung«, sowohl das eine wie das andere sein; es ist nach Goethes Farbenlehre als Purpur der stärkste Farbpol und Zentrum der Farbordnung;

Grün gilt als neutrale, versöhnende, ruhende Mitte aller Farben.

Der Farbkreis lässt die Beziehungen zwischen den Farben, ihren Komplementärfarben, ihrer Zuordnung zu Yin und Yang usw. gut erfassen. Er stellt indes auch nur einen Zugang zu Farben dar.

Sieben Die *sieben Chakras* oder Hauptkraftzentren des Menschen sind wie die Elemente ebenfalls durch Farben gekennzeichnet.

Zuordnungen von Chakras, Funktionen und Farben

Name	Funktion	Farbe
7 Scheitelzentrum	Zugang zur Schöpferkraft	Violett
6 Augenzentrum	Sitz der Seele/des Selbst	Tiefblau
5 Kehlkopfzentrum	Gedankenkraft	Türkis
4 Herzzentrum	Überpersönliche Liebe	Gelb*/Rosa
3 Bauchzentrum	Sitz des Ego/Ich	Grün*
2 Sexualzentrum	Reproduktionskraft	Orange*
1 Basiszentrum	Lebens-Urkraft	Rot*

* Man findet hier uneinheitliche Aussagen: Das Herzzentrum wird im Osten bisweilen als Gelb/Gold und das Bauchzentrum als Grün angegeben, während moderne westliche Autoren überwiegend Grün für das Herzzentrum und Gelb für das Bauchzentrum nennen.

Die Folge der Farben im Regenbogen legt das zwar nahe, aber es gibt auch Gründe, die für die östliche Ansicht sprechen. Grün als ausgleichende, neutrale Farbe in der Mitte des Farbspektrums entspricht danach dem Soll-Zustand des Menschen in der Mitte seines Körpers (dem Bauch) und seines Ego. Gelb/Gold/Rosa sind in Farbe übersetzte Aspekte einer überpersönlichen Liebe, die wir dem Herzbereich zuordnen.

Die Milz ist das Organ, um das Sonnenlicht aufzunehmen. Manche Autoren fügen nun das Nebenchakra der Milz entweder mit dem Hauptchakra des Solar-Plexus zusammen oder wollen dieses durch das Milzzentrum ganz ersetzen. Möglicherweise rührt daher die Identifizierung des Bauchzentrums mit Gelb. (Im praktischen Teil werden Sie finden, dass sich die Farbtherapie nach den Schwingungszuständen und Symptomen richtet, nicht nach intellektuell festgelegten Zuordnungen. Rosa gilt als Herzfarbe nach Dr. Jay Scherer.)

Für die Chakras oder Kraftzentren gibt es unterschiedliche Namen. So heißt das Scheitelzentrum auch Kronenchakra und das Bauchzentrum auch Nabelchakra oder Solar-Plexus-Zentrum. (Dieses ist nicht zu verwechseln mit dem etwas unterhalb des Bauchnabels gelegenen Kraftzentrum für physische Kraft und psychische Ruhe, das uns aus Japan und China als »Erdmitte« oder auch als »Hara« bekannt ist.)

Ein Irrtum, der sich immer noch in etlichen Publikationen westlicher Autoren findet, betrifft das Sexual- und das Basiszentrum: Oft werden beide in ein Chakra zusammengelegt und somit die reproduktive Kraft der Sexualorgane mit der Lebensurkraft und dem Lebensantrieb des Basiszentrums vermengt. Die eigene Beobachtung und Erfahrung helfen am ehesten weiter, sich ein eigenes Urteil zu bilden.

Acht

Der Farbforscher und Heiler *Theo Gimbel* weist auf *acht Farben* des Spektrums hin.

1 Rot, 2 Orange, 3 Gelb, 4 Grün, 5 Türkis, 6 Blau, 7 Violett. Die *achte Farbe ist Magenta* (8), welches entsteht, wenn man sich das Spektrum nicht linear denkt, wie oben skizziert, sondern als geschlossenen Kreis. Dann

entsteht zwischen Rot am unteren und Violett am oberen Ende des bekannten Regenbogenspektrums die neue Farbe Magenta, ein tiefes Rotviolett.

Gimbel stellt seine Zuordnung dieser acht Farben mit Kraftzentren bzw. Funktionen und Drüsen so dar:

8	Höchste Geistigkeit, Individualität	Magenta
7	Zirbeldrüse, Krone	Violett
6	Hirnanhangdrüse, Drittes Auge	Blau
5	Schilddrüse, Kehlkopf	Türkis
4	Kardinal-Plexus, Herz	Grün
3	Solar-Plexus, Bauch	Gelb
2	Nebennieren	Orange
1	Sakral-Plexus, Basis	Rot

(Nach Gimbel: »Healing Through Colour« siehe Literaturverzeichnis.)

Gimbels Zuordnung der Nebennieren zum zweiten Chakra und der Keimdrüsen des Sakral-Plexus zum ersten Chakra findet keine allgemeine Zustimmung; die geläufigste Zuordnung bezeichnet den Sakral-Plexus und die Keimdrüsen, also das Sexualzentrum, als zweites Chakra und die Nebennieren als Organentsprechung des Basiszentrums im ersten Chakra.

Ein anderer Vorschlag zur Zuordnung von Farben und Kraftzentren:

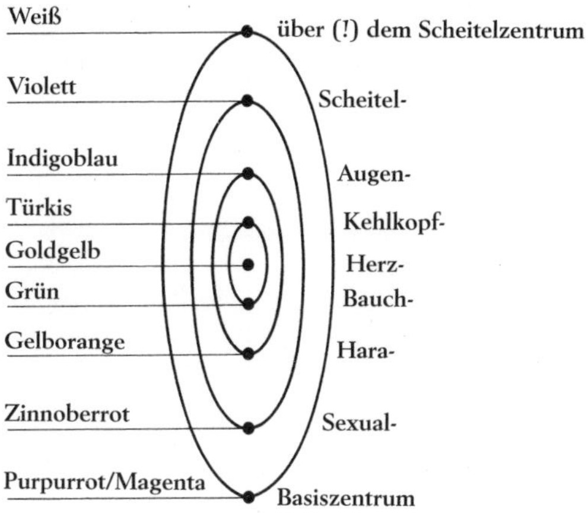

Es gibt zwei interessante Erwägungen von Gimbel zum Licht:

- Er bezeichnet *Dunkelheit als eigenständige Energie*, die, obwohl man sie nicht messen kann – wie will man das »Nichts« auch messen? –, sowohl in der Weltschöpfung wie in der Bewusstseinsentwicklung und in der Farbtherapie einen eigenen Platz einnimmt.
- Und er erklärt, dass *Farbe eine höhere Schwingung besitzt als Töne* und demzufolge Farben eine höhere Wirksamkeit haben als Töne, analog zum Wirkprinzip der Homöopathie, wo Hochpotenzen höhere Schwingungen und damit höhere Wirksamkeit als Mittel mit tieferen Frequenzen haben.

Beide Gedanken stellen wesentliche Anregungen dar, die es wert sind, weiter erforscht zu werden.

Neun Mit der Neun sind wir beim Abschluss unserer Zahlenreihe. Die Neun weist auf das Ende eines Zyklus, eines Prozesses bzw. einer Entwicklung hin. Deshalb wollen wir hier auch auf die *neun inneren Farben* hinweisen, welche man in Träumen, Visionen oder Meditationen erleben kann.

Zur Bedeutung der neun Farben, die in der inneren Schau auftreten, sagt der indische Philosoph und Mystiker *Sri Aurobindo:*

Goldenes Licht: Licht der Wahrheit, Licht vom höheren Geist (modifiziert je nach Entwicklungsstufe).

Weißes Licht: Licht der reinen Bewusstseinskraft, von dem alles andere kommt.

Gelb: Licht des menschlichen Geistes, bevor er das goldene Licht der göttlichen Wahrheit trifft.

Rot: Farbe des Physischen; berührt vom höheren Licht, wird es goldrot. (Das tiefrote Licht kommt ins Physische, um dieses zu wandeln.)

Blau: fundamentale Farbe der göttlichen Wonne. (Die vielen Schattierungen von Blau sind schwer exakt zu definieren, tieferes Blau bezeichnet eher den höheren, blasseres Blau den erleuchteten Geist.)

Grün: Leben, reiches Ausströmen von Lebenskräften, oft auch emotionale Lebenskraft.

Violett: Licht des göttlichen Erbarmens, Licht der göttlichen Gnade.

Purpur: Farbe der vitalen Kraft.

Diamantenes Licht: bricht aus dem Herzen des göttlichen Bewusstseins hervor und bewirkt die Öffnung zum göttlichen Bewusstsein.

Die Farben des psychischen Lichts entsprechen dem, was sie manifestieren. Psychische Liebe ist zum Beispiel rosa oder rosig, psychische Reinheit weiß usw.
(Nach Sri Aurobindo: »Der Integrale Yoga«, Seite 95, siehe Literaturverzeichnis.)

Wir sind damit am Ende dieser Übersicht. Vielleicht fühlen Sie sich von der Fülle verschiedener Hinweise und Deutungen zunächst überfordert. Sie werden diese Angaben aber sicher desto mehr schätzen, je mehr Sie dieses Buch als Praxisanleitung benutzen. Der nächste Schritt ist die gezielte Anwendung von Farbe und Licht zur Wiederherstellung einer körperlichen und seelischen Harmonie, also zur ganzheitlichen Gesundheit.

Einfache Selbsthilfe durch Farbtherapie

Farben und Stimmungen

Die mehr oder weniger bewusste Selbsthilfe durch Farbtherapie fängt schon am Morgen an: mit der Auswahl der Kleidung. Je nach Stimmung und Vorhaben greifen wir zu einer blauen oder gelben Bluse, einer grauen oder grünen Hose, einer roten Krawatte oder einem weißen Halstuch. Und in welchen Farben strahlt Sie eigentlich Ihr Badezimmer an? Fühlen Sie sich darin wohl? Gibt es Ihnen früh am Morgen eine positive Einstimmung auf den neuen Tag?

Der folgende Abschnitt stellt eine knappe Einführung dar, mit Licht und Farben richtig umzugehen. Wir können grundsätzlich zwei Formen des Umgangs mit Licht und Farben unterscheiden:

- den mehr oder weniger bewussten *Gebrauch im Alltag,*
- die *spezifische Farbtherapie* als psychosomatische Behandlungsmethode.

Der Alltagsgebrauch von Farben

Zum Alltagsgebrauch gehören unter anderem:

- Kleidung
- Haarfarbe, Haartönung

- Schminkfarben (Lippen, Wangen, Augen, Fingernägel)
- Schmuck (Farbe der Metalle, Steine usw.)
- Wohnungseinrichtung (Wände, Tapeten, Vorhänge, Fußböden, Teppiche, Möbelbezüge, Tischdecken usw.)
- Beleuchtung (zu Hause, am Arbeitsplatz, in Restaurants)
- Autofarben (außen und innen)
- Blumenschmuck, Gartenbepflanzung
- Nahrungsmittel, Getränke

Vielleicht finden Sie noch weitere Beispiele aus Ihrem Alltag, bei denen Licht und Farben eine Rolle spielen. Da es in unserem Handbuch um *Heilung durch richtige Schwingungen* geht, folgen an dieser Stelle keine allgemeinen Deutungen und Ratschläge für den Alltag.* Sie finden auf den folgenden Seiten konkrete Therapieerfahrungen, die aber teilweise auch wichtige Alltagsanwendungen berücksichtigen. Die verantwortliche Entscheidung über Therapieformen und Hinzuziehung ausgebildeter Heilkundiger wird damit natürlich nicht überflüssig.

Was zur Wirkung der jeweiligen Farbschwingungen im Rahmen der spezifischen psychosomatischen Therapie gesagt wird, lässt sich sinngemäß auf den Alltagsumgang mit Licht und Farbe übertragen.

* Diese und andere Themen sind Bestandteil spezieller Bücher über den Umgang mit Farben von denselben Autoren: »Die Farben Deiner Seele«, »Die Magie der Kraftfarben«, »Farbtherapie – Das Basiswissen über Wirkung und Anwendung der Farben«, siehe Literaturverzeichnis.

Farbe als psychosomatische Therapieform

Heilen mit Farben

Farbtherapie zählt zu den wirkungsvollsten Heilmethoden. Sie ist schmerz- und angstfrei! Farbe als sichtbare Lichtschwingung eignet sich zum Ausgleich von disharmonischen Schwingungen, die letztlich immer die Ursache von Beschwerden sind. Denn Farbe übt eine Brückenfunktion aus zwischen dem direkt spürbaren körperlichen und emotionalen Befinden und dem unsichtbaren, aber genauso wirklichen Reich des Seelisch-Geistigen.

Die rasche Harmonisierung der Schwingung sowohl nach einer Farbtherapie als auch nach der Einnahme von Bachblüten-Essenzen oder anderer Naturheilmittel (Homöopathie, Schüßlersalze usw.) lässt sich übrigens mit der Kirlianfotografie unmittelbar und sichtbar demonstrieren.

Die sieben wichtigsten Therapiefarben

Es folgen die Kennzeichnungen der sieben wichtigsten Therapiefarben und eine Übersicht über die verschiedenen Therapieformen.

Es gibt zwei Komplementärfarben-Paare: erstens Orange-Blau, zweitens Gelb-Violett. Türkis nimmt eine Sonderstellung ein, die wir am Schluss besprechen.

Rot

Bedeutung

Rot ist die kräftigste, wärmste und belebendste Farbe.
Rot bedeutet (körperliches) Leben.
Rot ist die Farbe unseres Blutes.
Rot als zentrale Lebensenergie kann sowohl männlich, yang, aktiv als auch weiblich, yin, passiv sein (vergleiche unseren Farbkreis, Seite 117).
Rot ist die Kraft und Hitze, aber ebenso die Gewalt und die Zerstörung des Feuers.
Rot bedeutet Entzündung.
Rot steht symbolisch für Kampf, Leidenschaft, Aggression.
Rot gilt gleichzeitig als Farbe des Herzens und der Liebe (mehr noch allerdings als feines Rot = Rosa).

Da Rot also diese Spannweite zwischen notwendiger Lebenskraft und von Herzen kommender Liebe einerseits und leidenschaftlicher Kraft, die bis zur Aggression und Zerstörung gehen kann, andererseits besitzt, muss man mit Rot in der Farbtherapie vorsichtig umgehen (vergleiche Vorsichtshinweis am Schluss des Rot-Abschnitts).

Rot wird in der Farbtherapie dort eingesetzt, wo Lebenskräfte angeregt oder erneuert werden müssen bzw. gestaute Energien wieder harmonisch fließen sollen.

Therapie

Rot
- kann *chronische* Stauungen und Blockaden lösen;
- kann bereits degenerierte Funktionen des Organismus wiederbeleben;

- kann den Stoffwechsel anregen und die Ausscheidung fördern;
- kann gegen Verdauungsträgheit wirken und bei der Entschlackung helfen;
- kann bei subjektivem Wohlbefinden die allgemeine Leistungsfähigkeit noch steigern.

Beispiele

Aus der Praxis

- Man bestrahlt bei chronisch verstopfter Nase beide Nasenflügel seitlich mit Rot, damit der Patient wieder frei durchatmen kann (siehe Illustration).

- Das Gleiche gilt für einen Geruchsverlust, der aufgrund chronischer Nasenverstopfung entstanden ist.
- Ein Fall aus der Praxis: Eine dreißigjährige Patientin konnte zwei Jahre lang nicht mehr durch die Nase atmen und nichts mehr riechen. Eine fünf Minuten lange Bestrahlung mit Rot und einige Tropfen von Bachblüten-Essenzen bewirkten, dass sich die Nase erstmals wieder für die Atmung und den Geruchssinn öffnete. Diese erste Wirkung hielt drei Tage lang an; es waren zwei weitere Behandlungen innerhalb eines Monats notwendig, um eine dauerhafte Heilung zu erzielen.

– Wenn die Blutung bei der Menstruation anfangs sehr schwer »in Gang kommt«, ist möglicherweise eine Rot-Bestrahlung am Ende der Lendenwirbel angezeigt (siehe Illustration links).

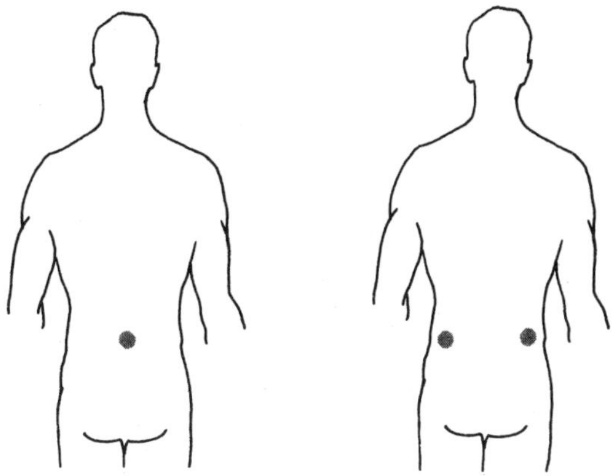

– Darüber hinaus wirkt Rot bei mangelnder Libido (mangelnder sexueller Kraft, nicht mangelnder Lust!) sowohl für die Frau wie für den Mann stärkend. Dazu wird Rot auf die Rückseite des Beckens in Höhe des Sexualzentrums gestrahlt (siehe Illustration rechts).
– Auch bei Nierenstauungen aufgrund von zu wenig Flüssigkeitsaufnahme, die zu Rückenschmerzen führen, ist die Bestrahlung des Bereichs links und rechts der Lendenwirbel heilsam (für Heilkundige: am Blasenmeridian; siehe Illustration rechts).
– Noch ein Beispiel aus der Praxis: Ein vierzigjähriger Manager, der nur Kaffee und ab und zu Wein als Flüssigkeit zu sich nahm, klagte über heftige unbestimmte Rückenschmerzen im Lendenwirbelbereich. Ein Besuch beim Orthopäden brachte keine Besserung. Meine erste Diagnose aufgrund der routinemäßigen

Anamnese, der Antlitzdiagnose und der Augendiagnose ergab, dass der Patient viel zu wenig *ungebundene* Flüssigkeit zu sich nahm und daher der Abfluss der Nieren gestaut war, was zu den beschriebenen Rückenschmerzen führte.
Die Therapie bestand aus einer Rot-Bestrahlung an den Nierenpolen, den entsprechenden Bachblüten und einer Umstellung der Flüssigkeitsaufnahme auf 2 bis 2,5 Liter *ungebundener* Flüssigkeit (Wasser, Kräutertee und vorübergehend keinen Kaffee trinken).

– Ein achtjähriges Mädchen wachte morgens immer mit geschwollenen Augenlidern auf, fühlte sich müde und lustlos und klagte über Kopfschmerzen im Nackenbereich. Beim Besuch in der Praxis stellte sich aufgrund von Antlitzdiagnose und Augendiagnose sowie des Gesprächs heraus, dass sie so gut wie keine Flüssigkeit zu sich nahm. Sie trank höchstens morgens eine Tasse Kakao und abends ein Glas dicken,

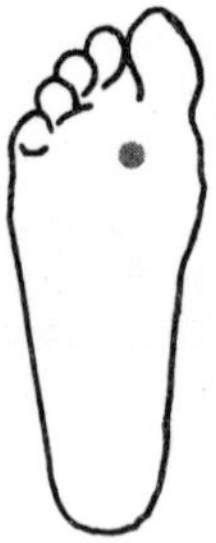

gesüßten Fruchtsaft. Hier halfen die Rot-Bestrahlung in der Mitte des vorderen Fußballens (siehe Illustration), wiederum Bachblüten aus der Gruppe »Unsicherheit« und die Änderung der Trinkgewohnheiten, um die Nierenfunktion wieder in Fluss zu bringen und zu harmonisieren.

– Bei trägem Stoffwechsel, zum Beispiel Verstopfung oder Darmträgheit, oder auch unreiner Haut empfiehlt sich die Rot-Bestrahlung an einem so genannten Dickdarmpunkt an der Hand (siehe Illustration).

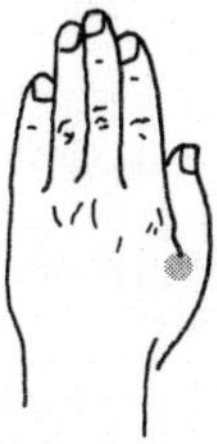

Das sind nur wenige ausgewählte Anwendungen aus einer reichen Fülle von Möglichkeiten. Setzen Sie Rot sinngemäß nach den anfangs gemachten Angaben ein.

Außerdem ist oft erst die richtige Kombination von Naturheilverfahren wie Farbtherapie, Bachblüten-Essenzen und Lebenssalzen dauerhaft wirksam.

Aber bedenken Sie bitte auch:

Jede Naturtherapie kann zwar eine große Hilfe zur Heilung sein, manche Entwicklungen lassen sich indes nicht mehr rückgängig machen (ein schweres Versagen der Nierenfunktion, wie zum Beispiel bei Dialysepatienten, lässt sich nicht mit der Farbtherapie heilen).

Vorsicht: Zu viel Rot, zu lang andauernde Rot-Einwirkung, Anwendung an ungeeigneten Stellen, bei Entzündungen, Neigung zu Schilddrüsenüberfunktion und cholerischem, kämpferischem Temperament führen leicht zur Überreizung der Körperfunktionen aufgrund von Überreizung des Nervensystems. Auch offene oder unterdrückte Aggressionen können die Folge sein.

Dazu eine Anekdote:

Ein Maler hatte den Auftrag, einen kleinen Raum rot auszumalen. Er musste unwillkürlich alle fünf bis zehn Minuten heraus, um tief Luft zu holen, frei durchzuatmen und einer aufkommenden Übelkeit zu entgehen. Am Ende der Arbeit fragte er den Auftraggeber, warum dieser Raum rot ausgemalt werden sollte. Dieser antwortete: »Ich bin Boxer. Wenn ich vor jedem Kampf zehn bis fünfzehn Minuten in einem roten Raum trainiere, gewinne ich jeden Kampf.«

Wenn rote Schwingungen im Körper vorherrschen und eine entsprechende Disharmonie erzeugen, ist die Komplementärfarbe notwendig. Das führt uns vom doppelpoligen Rot zur neutralen Heilfarbe Grün.

Grün

Bedeutung

Grün ist die ausgleichendste und neutralisierendste Farbe.
Grün bedeutet (irdisches) Wachstum.
Grün des Chlorophylls ist die Basis unserer Sauerstoffaufnahme.
Grün steht für die struktur- und substanzgebenden Kräfte der Natur.
Grün gilt als Farbe der Galle.
Grün symbolisiert aber auch die Hoffnung.
Grün ist Zufriedenheit und Heilung.

Der Umgang mit der neutralen Heilfarbe Grün ist unbedenklich.

Grün ist *die Heilfarbe schlechthin*. Man setzt Grün in der Farbtherapie vor allem ein, um Reizzustände zu lindern, disharmonische Schwingungen auszugleichen und neuen Lebensstrukturen Substanz zu geben.

Therapie

Grün
- kann *akute* Stauungen und Blockaden heilen;
- kann hitzige, entzündliche, geschwollene, schmerzhafte und »rote« Krankheitsprozesse lindern und heilen;
- wirkt günstig auf den »Seh-Purpur« und kann somit die Überanstrengung der Augen ausgleichen und sogar Sehstörungen zurückführen (bei Kurzsichtigkeit zum Beispiel in Verbindung mit der Bates-Methode);
- kann Stimmungsschwankungen harmonisieren und

bei Unzufriedenheit und Ungeduld ein neues Gleichgewicht schaffen;
- kann das Selbstwertgefühl bei Unsicherheit stärken.

Beispiele

Aus der Praxis

- Bei einem akuten Gallestau mit Schmerzen kann Grün-Bestrahlung den Gallefluss wieder in Gang setzen.
- Wieder ein Beispiel aus der Heilpraxis:
  Ein etwa zehnjähriger Junge kam mit seiner Mutter zu mir. Er hatte seit dem Morgen undefinierbare Bauchschmerzen und litt unter Stirnkopfschmerzen und extremer Übelkeit. Im Gespräch kam heraus, dass er im Rahmen einer Faschingsfeier am Tag zuvor fettgesottene Krapfen und außerdem Pommes frites gegessen hatte. Grün-Bestrahlung am Rippenbogen und an den Augenbrauen (siehe Illustrationen unten), Rescue-Remedy aus den Bachblüten und Natrium sulf und Kalium sulf aus den Schüßler'schen Mineralsalzen führten zur unmittelbaren Linderung der

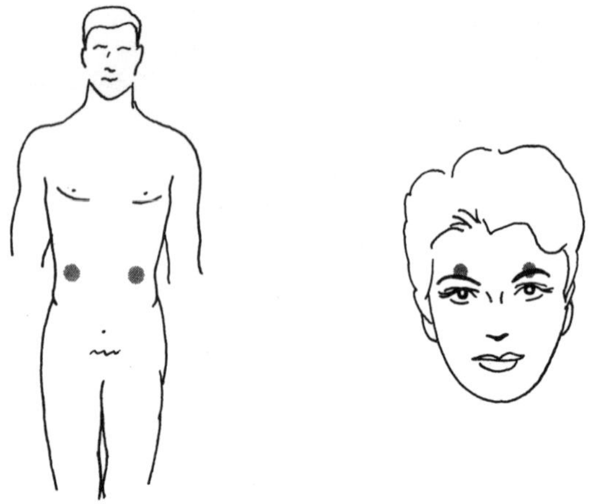

Kopfschmerzen sowie zur anschließenden Auflösung der anderen Beschwerden. (Solche Gallestaus sind vermeidbar, wenn man tierische Fette weitgehend weglässt und sie vor allem nicht erhitzt bzw. gebraten zu sich nimmt.) Die Antlitzdiagnose ergab im Gesicht deutliche Zeichen.
- Grün ist angezeigt bei allen Entzündungen, zum Beispiel bei Ohrenentzündungen und Zahnschmerzen.

Wir wollen bei dieser Gelegenheit gern erneut darauf hinweisen, dass die Farbtherapie selbstverständlich nicht die kundige Behandlung durch einen ausgebildeten Fachmann ersetzt! Es geht uns vielmehr immer um einen ganzheitlichen Heilansatz, der Gesundheit auf allen Ebenen fördert – körperlich-materiell ebenso wie seelisch-emotional und geistig-spirituell.

- Mein Sohn Daniel wachte einmal nachts mit heftigen Zahnschmerzen auf. Ich ließ ihn sich selbst von außen an der Wange den betreffenden Zahn mit Grün bestrahlen. Diese Behandlung wurde in derselben Nacht noch zweimal wiederholt – die Zahnschmerzen vergingen, ohne wiederzukommen. Unterstützend ließ ich ihn mit der freien Hand mit dem Daumennagel fest auf den »Zahnschmerzpunkt« am Zeigefinger drücken (siehe Illustration links oben auf Seite 94). (Ein Zahnarztbesuch erübrigte sich in diesem Fall, weil die Ursache der Beschwerden das Herauswachsen eines neuen Backenzahns war.)
- Bei Entzündungen gilt als Faustregel, dass Grün direkt auf die schmerzhafte Stelle bzw. die Wunde

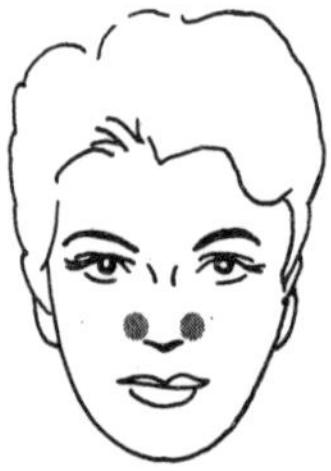

gestrahlt wird. Grün fördert die Regeneration und Bildung neuer Zellen. Zu empfehlen zum Beispiel nach Zahnoperationen und -extraktionen, bei Ohrenschmerzen, bei Prellungen und Blutergüssen.

- Wenn die Nase nicht verstopft ist (siehe Rot), sondern dauernd »läuft«, handelt es sich bereits um ein Stadium der Entzündung. Dann wird sie links und rechts an den Nasenflügeln ebenfalls mit Grün bestrahlt (siehe Illustration rechts oben).
- Viele Menschen, vor allem Frauen, leiden wechselweise unter Verstopfung und Durchfall, der meistens durch den Missbrauch ungeeigneter Abführmittel verursacht wird. In fast allen Fällen liegt eine Entzündung der Schleimhäute des Darms vor. Um diese Entzündung abklingen zu lassen und zu heilen, wird zusätzlich zu anderen Therapieformen (Ernährungsumstellung, Bachblüten, Homöopathie, Schüßlersalztherapie usw.) Grün auf den »Dickdarmpunkt« zwischen Daumen und Zeigefinger (siehe Illustration unten) und

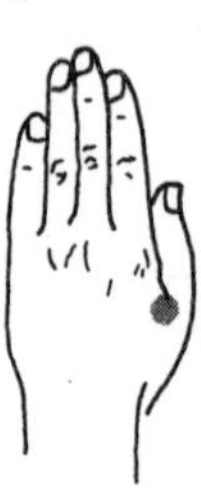

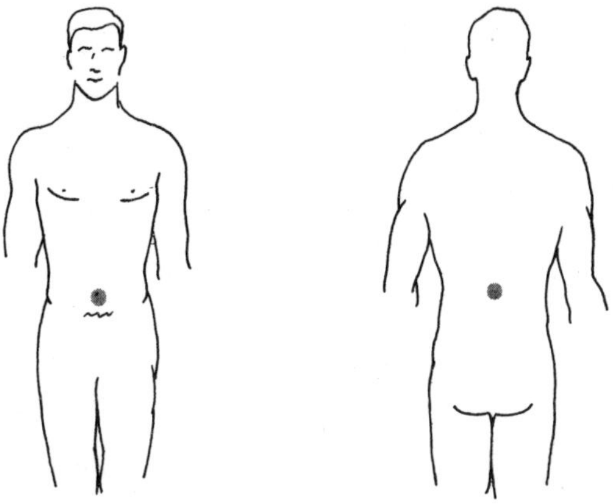

rund um den Bauchnabel gestrahlt (siehe Illustration oben links).

- Zur Harmonisierung bei Ungeduld, Unzufriedenheit und Unsicherheit erfolgt eine Grün-Bestrahlung auf die Yang-Seite des Körpers, also auf den Rücken, oberhalb der Taille (siehe Illustration oben rechts).
- Die wohltuende Wirkung von Grün, insbesondere des lebendigen Grüns der Natur, ist hinlänglich bekannt. Vor allem Menschen, die eine Brille tragen, oft und lange vor dem Computer oder Fernseher sitzen, viel Schreibarbeiten erledigen müssen usw., sollten immer wieder Pausen der Entspannung für Augen und Nerven einlegen. Wenn der Blick (ohne Brille!) in die Natur nicht möglich ist, hilft notfalls auch das Verweilen der Augen auf grünen Zimmerpflanzen oder grünen Vorhängen, Bildern usf.

Orange

Bedeutung

Orange ist die aktivste, tatkräftigste Farbe.

Orange bedeutet Expansion, Extrovertiertheit, Ausleben nach außen.

Orange hat die größte Signalwirkung (deshalb tragen Straßenbauarbeiter orangefarbene Schutzkleidung und Kinder ebensolche Schulranzen).

Orange steht für warme, heitere Offenheit.

Orange wirkt als die wichtigste Heilfarbe bei Melancholie und Depressionen.

Da Orange eine Mischfarbe von Rot und Gelb ist, gelten ähnliche Vorsichtsüberlegungen wie bei Rot. Man darf also nicht zu viel und zu lange mit Orange bei cholerischem Temperament, in Konfliktsituationen, bei Entzündungen, an der Schilddrüse (eine Ausnahme, s. unten) behandeln.

Orange wird in der Farbtherapie vor allem dann eingesetzt, wenn die Freude und Lust am Leben verlorengegangen oder unterdrückt worden sind. Als aktive Yang-Komplementärfarbe zum passiven Yin-Blau führt Orange aus einer übermäßigen Vergeistigung und Weltflucht zurück in eine gesunde Körperlichkeit.

Orange

Therapie

- kann die Verdauungstätigkeit aktivieren;
- kann Magenkrämpfe, die auf aufgestauten Problemdruck zurückzuführen sind, lösen;
- kann die Milz unterstützen, Umweltgifte und Nebenwirkungen von Impfungen (teilweise) abbauen;

- kann Lebensfreude vermitteln und Verzweiflung, Depression, Melancholie und Schwermut in neuen Lebensmut umwandeln;
- kann allgemein problemlösend, öffnend und aktivierend wirken.

Beispiele

Aus der Praxis

- Orange hilft bei träger Verdauung, bei Milzstau aufgrund von Umweltgiften (der sich bei Kindern vor allem in Seitenstichen bemerkbar macht), bei Impfungen und sowohl bei problembedingten Magenkrämpfen als auch bei diffusen Bauchschmerzen bei Kindern.
- Ein 14-jähriger Junge kam mit seiner Mutter in die Praxis. Er klagte über Bauchschmerzen und Seitenstiche. Die Anamnese ergab Stauungen der Milz und starke seelische Belastungen. Im Gespräch stellte sich heraus, dass sich dieser Junge von den Mitschülern abgelehnt fühlte und er deshalb nicht mehr am Unterricht teilnehmen mochte.
  Er bekam Bachblüten aus der Gruppe »Mutlosigkeit – Verzweiflung« und wurde mit Orange bestrahlt – an den großen Zehen und in der Mitte des Rückens (siehe Illustrationen auf Seite 98). Die Bauchschmerzen vergingen bereits während der Farbbestrahlung. Innerhalb einer Woche gewann er seine Lebensfreude zurück: Er nahm mit mehr Spaß am Unterricht teil und hatte Lust, mit seinen Schulkameraden zu spielen.
- Wie oben erwähnt, ist Orange die wirksamste Heilfarbe gegen Depressionen und ähnliche Gemütszustände. Auch hier wieder eine Erfahrung aus der Praxis.

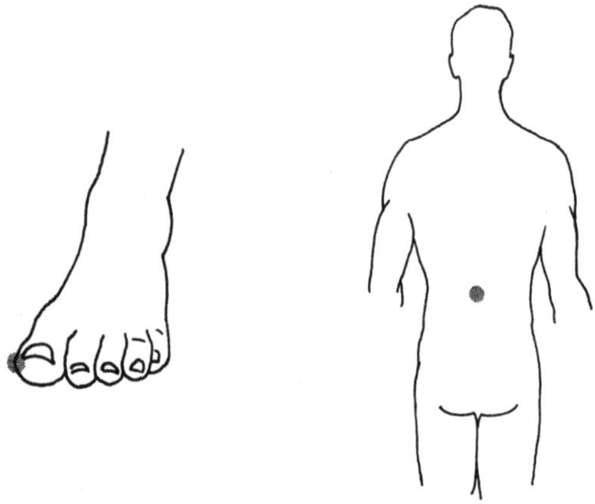

Ein etwa 35 Jahre alter Mann war lange Zeit in psychotherapeutischer Behandlung. Er litt unter starken Depressionen, die nicht durch äußere Anlässe verursacht waren. Ihm waren Tranquilizer (Beruhigungsmittel) und Psychopharmaka verschrieben worden. Er kam in die Naturheilpraxis, weil diese Mittel ihm keine wirkliche Heilung brachten und er nach wie vor unter starken Stimmungsschwankungen litt. Außerdem wollte er sich aus der Abhängigkeit von täglicher Medikamenteneinnahme befreien.

Die Anamnese wies auf Milzstau hin (der eventuell auch medikamentenbedingt war), eine starke Belastung des Lymphsystems und natürlich Angstzustände. Die Therapie war komplex und langwierig, aber schließlich erfolgreich. Sie soll hier nur skizziert werden.

Erste Maßnahme war eine Ausleitungs- und Entgiftungstherapie. Dazu gehörte Farbbestrahlung an Galle-, Leber-, Milz- und anderen Punkten, Einnahme von Kräutertees und zusätzlich Gaben von Kräu-

tertinkturen, Einnahme von Bachblüten-Essenzen, klassische homöopathische Mittel und Schüßlersalze sowie Schröpfen und Bindegewebsmassagen.
Ein Rutengänger fand zudem heraus, dass der Patient mit dem Kopfteil seines Bettes auf einer Störzone lag; das Bett wurde also umgestellt.
Zweimal wöchentlich wurde die Farbtherapie durchgeführt, vor allem Orange-Bestrahlung an den großen Zehen und Bestrahlung einiger Chakras. Die Psychopharmaka wurden *nicht sofort abgesetzt,* sondern *allmählich* auf null *reduziert.* Naturheilmittel wurden weiter in gewissen Abständen gegeben.
Ein halbes Jahr später – nachdem die konsequente Entgiftung und die Naturheilmittel Wirkung gezeigt hatten – waren erste Verbesserungen festzustellen. Nach einem Dreivierteljahr hatte der Patient so viel neuen Lebensmut gefasst, dass er nicht mehr unter Depressionen litt, keine Psychopharmaka mehr brauchte und auch keine Rückfälle beklagen musste. (Der Heilerfolg beruhte in diesem Fall auf der richtigen Therapie, aber auch auf dem eigenen Willen zur Gesundung und dem Vertrauen zum Therapeuten.)

– Vor etwa fünf Jahren kam eine Frau Ende dreißig mit diffusen Unterleibskrämpfen. Der Gynäkologe hatte keinen organischen Befund feststellen können. Die Ursachen mussten im seelischen, vegetativen Bereich liegen. Die Anamnese bestätigte, dass es sich um eine emotionale Blockade handelte, welche sich auf das System der endokrinen Drüsen auswirkte.
Im Gespräch ergab sich, dass die eheähnliche Gemeinschaft dieser Frau mit dem Vater ihres Kindes zerbrochen war. Sie hatte mit diesem Mann seit ei-

nem Jahr keinen sexuellen Verkehr mehr gehabt – seit sie entdeckt hatte, dass ihr Partner fremdging. Sie fand auch kein Interesse an irgendeinem anderen Mann. Dabei war sie eine temperamentvolle, lebenslustige und attraktive Frau.

Neben den Bachblüten *Rescue Remedy* (wegen des Schocks dieser Entdeckung) und *Star of Bethlehem* (aus der Gruppe »Mutlosigkeit – Verzweiflung«) brachte vor allem die Farbbehandlung den Umschwung.

Eine einmalige Orange-Bestrahlung an der Schamhaargrenze und Bestrahlung mit der Komplementärfarbe Blau am Dritten Auge bewirkten, dass die Frau ihre Unterleibsschmerzen spontan loswurde, zuversichtlicher und wieder lebensfroher wurde und sich einem anderen Lebenspartner zuwenden konnte (siehe Illustrationen).

– Am Schluss dieses Abschnitts soll ein Hinweis auf die Komplementärfarben Orange und Blau als Schnelltestmittel stehen.

Normalerweise werden bestimmte Giftstoffe (die so genannten harnpflichtigen Substanzen) mit dem

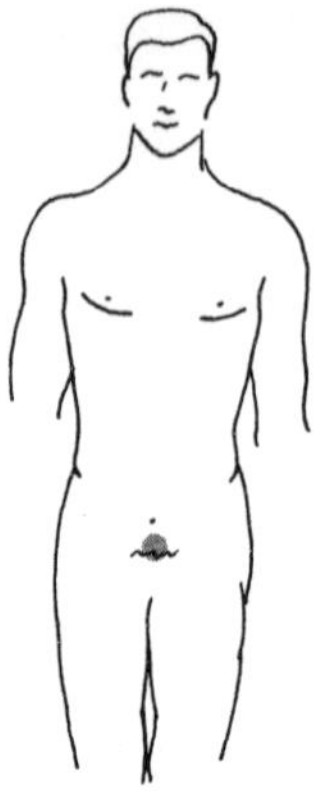

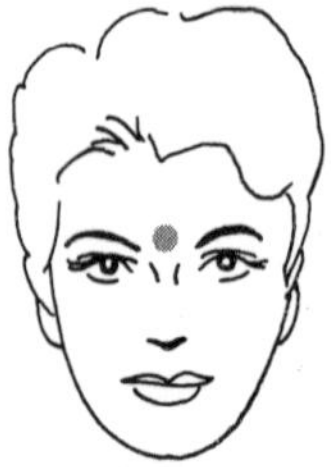

Harn ausgeschieden. Wenn nun entweder die Nierenfunktion gestört ist und/oder zu wenig ungebundene Flüssigkeit (Wasser, Kräutertees) aufgenommen wird, wandern diese Giftstoffe oft durch die Blutbahnen zum Kopf. Dort können sie Kopfdruck, Kopfschmerzen und sogar Migräneanfälle auslösen.

Wenn in diesem Fall Blau-Bestrahlung am Dritten Auge zwischen den Augenbrauen zu Druck und Spannung führt, während Orange-Bestrahlung danach dort eine Lösung und Entspannung bewirkt, ist ein Hinweis auf solche Giftstoffe im Kopfbereich gegeben. Dieses Testergebnis muss dann durch klassische naturheilkundliche Diagnoseformen erhärtet werden.

Blau

Bedeutung

Blau ist die kühlste, reinste und tiefste Farbe.

Blau entspricht Reserviertheit, Introvertiertheit, Innenleben.

Blau steht für das Unbewusste, die innere Stille, Sanftheit und seelische Tiefe.

Blau gilt auch als die Farbe der geistigen Entwicklung, der Sehnsucht nach einer immateriellen Welt und – in bestimmten Tönungen – als Farbe der Geistheilung.

Blau symbolisiert die Treue.

Blau in der Farbtherapie ist ungefährlich. Man wird lediglich eine zu lange Bestrahlung von melancholisch veranlagten Menschen mit Blau vermeiden, um nicht etwa eine Tendenz zum Realitätsverlust zu verstärken.

Blau als Heilfarbe ist überall dort wichtig, wo es um Funktionsstörungen der Hirnanhangdrüse (Hypophyse) geht und sowohl körperliche und emotionale Entspannung als auch Klarheit des Bewusstseins notwendig sind.

Blau

Therapie

- kann den Blutdruck senken;
- kann nervös bedingte Organbeschwerden und Verkrampfungen lösen;
- dient als wichtigste Heilfarbe bei Klimakteriumsbeschwerden;
- kann nervöse Hautallergien heilen helfen;
- kann bei eitrigen Wunden die Heilung fördern;
- kann die Schmerzen bei angestautem Blut (z. B. Krampfadern und Hämorrhoiden) lindern;

- kann bei nervöser Schlaflosigkeit zu Entspannung und Ruhe führen;
- kann beruhigen, klären und Hitzigkeit ausgleichen;
- kann Schwellungen reduzieren.

Beispiele

Aus der Praxis

- Bei *vorübergehendem* Bluthochdruck empfiehlt sich die Blau-Bestrahlung in der Achselhöhle (siehe Illustration). Die Farbtherapie eignet sich in diesem Fall *nicht* zur dauerhaft wirksamen Heilung und ersetzt *auf keinen Fall* die fachkundige Behandlung. Allerdings lassen sich vorübergehende Beschwerden, zum Beispiel Atemnot beim Treppensteigen, lindern.

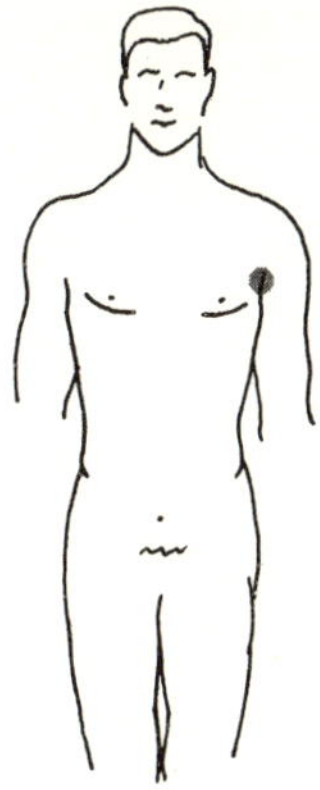

- Bei Muskelverkrampfungen, zum Beispiel Schreibkrampf, kann Blau-Bestrahlung in Verbindung mit dem Schüßler'schen Zellsalz Magnesium phos helfen.
- Bei *nervös* bedingten Magenkrämpfen kann Blau ebenso lindern. Übrigens auch bei nervösen Zuckungen, zum Beispiel der Augenlider, des Adamsapfels (vor

allem bei Jugendlichen in der Pubertät) usw. (Immer auf die jeweils betroffene Stelle strahlen. Fast immer fehlt Magnesium phos D6.)

- Die häufigsten Beschwerden im Klimakterium sind bekanntlich Hitzewallungen, Stimmungsschwankungen und extreme Überempfindlichkeit. Die naturgegebene Hormonumstellung im Klimakterium muss aber nicht von diesen Beschwerden begleitet sein. Bachblüten (zum Beispiel Walnut), Homöopathie, individuell nach den Symptomen, und Blau sind geeignet, die Umstellung rascher und ohne die genannten Begleiterscheinungen zu vollziehen.
- Eine etwa fünfzigjährige Frau klagte über Hitzewallungen, die bis hin zur plötzlichen Rötung des ganzen Gesichts führten, und über unkontrollierte Schweißausbrüche, die ihre Stimmungsschwankungen noch verstärkten, da sie beide Symptome als besonders peinlich empfand. Ihr Gynäkologe hatte Hormone verschrieben, welche als Nebenwirkung zu Gewichtszunahme und Verdauungsstörungen führten, was sie noch mehr verunsicherte. Außerdem litt sie unter einer großen Überempfindlichkeit gegenüber Aussagen und Bemerkungen in ihrer Familie, die sie sehr liebte. Sie fasste vieles als Kritik auf.

  Diese Frau kam in die Naturheilpraxis, um eine andere Form der Therapie auszuprobieren. Die Behandlung dauerte drei Monate, regulierte zunächst die Verdauung und führte schließlich zur völligen Beschwerdefreiheit. Die dazu notwendigen Schritte in Stichworten:

  Zusätzlich zu den oben genannten Beschwerden ergab die Anamnese eine Leberüberlastung durch

den Versuch, den Körper von den Hormongaben zu entgiften. Parallel zur Behandlung der Klimakteriumleiden musste also die Leberentgiftung mit Hilfe pflanzlicher Lebermittel und Gelb-Bestrahlung an den Leberpunkten erfolgen. Die Hormongaben wurden langsam bis auf null abgesetzt.
(Die Zuführung von Hormonen – die ja nicht Bestandteil unserer natürlichen Ernährung sind – bewirkt, dass die Hirnanhangdrüse, welche normalerweise die Hormonsteuerung im Körper vornimmt, teilweise »außer Gefecht« gesetzt wird. Damit wird eine natürliche Selbstregulierung des Körpers erschwert oder verhindert.)
Die eigentliche Therapie bestand aus homöopathischen Mitteln und Bachblüten (Walnut und in diesem Fall noch Centaury), die täglich eingenommen wurden, und aus der Farbbehandlung: Blau zur Herabsetzung der Hitzesymptomatik, Orange zur Unterstützung der Hormonumstellung und Gelb zur Anregung der Leberfunktion.
Die Bestrahlung erfolgte zweimal wöchentlich: Blau am Nacken, Orange an der Schamhaargrenze, Gelb an den Leberpunkten (siehe Illustrationen auf Seite 106). Außerdem riet ich ihr, im Schlafzimmer vermehrt Blau für Bettwäsche und Vorhänge zu benutzen und häufig ein blaues Halstuch zu tragen.
Bei bestimmten Hautallergien (zum Beispiel Sonnenflecken), eitrigen Wunden, Krampfadern und Hämorrhoiden wird Blau auf die entsprechende Körperstelle gestrahlt. Das kühle Blau wird die hitzigen Beschwerden lindern, wenn sich auch oft die Behandlung nicht ausschließlich auf Blau beschränken wird.

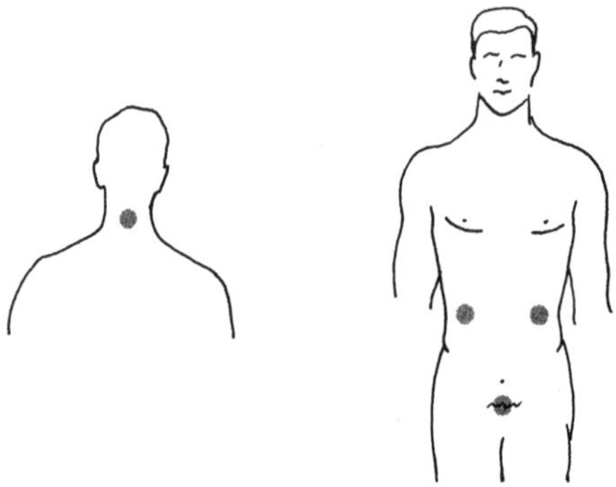

- Blau ist zudem bei allen Arten von Verbrennungen nützlich.
- Nervöse Störungen, wie Schlaflosigkeit, übermäßiger Redefluss und Zappeligkeit bei Kindern (den so genannten Zappelphilipps) lassen sich mit Blau wirksam beruhigen.
- Blau kommt im Rahmen der Farbbehandlung eine besondere Rolle bei Suchtabhängigkeiten zu. Allen Suchtabhängigkeiten von Alkohol, Zigaretten, Drogen (jeder Art, auch den verharmlosend »sanft« genannten!), Medikamenten, aber auch Geld, Macht usw. liegt eine Funktionsstörung der Hirnanhangdrüse zugrunde.

  Der spirituelle Hintergrund dazu ist der Verlust der eigenen Mitte und der bewussten Verbindung zur Seelenkraft. Sitz der Seele bzw. des Selbst ist bekanntlich das Dritte Auge, welches die feinstoffliche Entsprechung zur Hirnanhangdrüse darstellt.

  Bei Suchtkranken werden jene Tiefe, Fülle und Farbigkeit, jener Reichtum und Sinn, der allein aus der bewussten Erfahrung der Seele als Teil einer großen schöpferischen Ordnung erwächst, in Stoffen und Zuständen gesucht, die wie Strohfeuer wirken. Je mehr man die Seelenkräfte vernachlässigt oder gar negiert, desto schwieriger wird ein Zurückfinden ohne allzu schwere Zusammenbrüche und fatale Krisen.

Denn Alkohol, Tabak, Drogen und Medikamente können nicht vollkommen abgebaut werden, und sie beeinflussen direkt und indirekt das fein abgestimmte System der so genannten endokrinen Drüsen, einschließlich der »Hauptsteuerung« durch die Hirnanhangdrüse.

An dieser Stelle können wir nicht weiter in Einzelheiten gehen. Jede sinnvolle Therapie von Suchtabhängigkeiten wird allerdings von den oben genannten Grundtatsachen ausgehen. Eine ganzheitliche Behandlung muss also auch dazu führen, die bewusste Verbindung zur Seele bzw. zum Selbst zurückzugewinnen. Dabei kann – neben Bachblüten-Essenzen, Homöopathie und spiritueller Beratung usw. – die Farbtherapie wichtige Dienste leisten.

– Blau stärkt die Einstimmung auf das Kraftzentrum am Dritten Auge (siehe Illustration) und hilft, die Hirnanhangdrüse zu harmonisieren. Blau lässt nichtmaterielle Zusammenhänge und Wahrheiten besser erkennen.

Gelb wird zusätzlich, wenn notwendig, das rationale Verstehen fördern, warum eine innere und äußere Umkehr notwendig ist.

Gelb

Bedeutung

Gelb ist eine warme, heitere und helle Farbe.

Gelb steht für wachen Verstand, Intellekt und Fähigkeit zur Analyse.

Gelb entspricht Offenheit, gedanklichem Austausch, Beweglichkeit und Weltzugewandtheit.

Gelb bedeutet geistige Antriebsstärke und Auffassungsgabe, praktischen Lebenssinn, aber auch Karriere.

Gelb symbolisiert die Schwingung der Sonne, als Zustand der gedanklichen Erregung, aber auch Neid und Eifersucht.

Gelb ist die Farbe des reifen Korns, des »Goldenen Oktobers«, der Reife schlechthin.

Besonders zu beachten ist: Choleriker und Menschen mit Schilddrüsenüberfunktion müssen im Umgang mit Gelb in der Farbtherapie umsichtig sein, um Überreizungen zu vermeiden.

Gelb fördert die Nieren-, Leber- und Gallenfunktionen sowie die Lymphdrüsentätigkeit, also die Säfteproduktion. Gelb regt die Gedankentätigkeit und das Interesse am eigenen Leben und an der Umwelt an und wirkt somit gegen Teilnahmslosigkeit.

Gelb

Therapie

- kann den Blutdruck steigern;
- kann eine geschwächte Magenfunktion aktivieren und bei Nierenstörungen helfen;
- kann die Lebertätigkeit (zum Beispiel bei Gelbsucht) erhöhen und Entgiftungsprozesse unterstützen;

- kann chronische Funktionsstörungen (zum Beispiel der Lymphdrüsen) in akute Zustände überführen und damit die Behandlungschancen erhöhen;
- kann bei Teilnahmslosigkeit und Mangel an Interesse an der Gegenwart wieder die aktive Zuwendung zur Welt fördern;
- kann bei Resignation (zum Beispiel Kranker in Bezug auf ihre Gesundung) neue Hoffnung wecken;
- kann über das Sonnengeflecht den Lebensantrieb stärken.

Beispiele

Aus der Praxis

- Gelb als warme Farbe kann den Blutdruck steigern. Es ist interessant festzustellen, dass der Blutdruck auf Rot (und, mit Einschränkung, auch auf Orange) nicht in dem Maße günstig anspricht wie auf das »schwächere« Gelb. Häufig ist niedriger Blutdruck auf zu schwache Magensaftproduktion zurückzuführen.
- Gelb regt die Magensaftproduktion an. (Weiterhin sind in solchen Fällen pflanzliche Bitterstoffe wirksam.) Bei allen Störungen der Säfteproduktion und damit der mangelhaften Verdauung sowie bei Störungen, die die Entgiftung des Organismus betreffen, also der Funktionsschwäche des Stoffwechsels, kann Gelb helfen.
- Ein 36 Jahre alter Mann kam in die Praxis und klagte über Übelkeit und das Gefühl eines »Steines« im Magen, zudem Appetitlosigkeit und Schwindelzustände aufgrund von Erschöpfung.

  Nach Blutdruckmessung und weiterer Anamnese stellte sich bereits heraus, dass offensichtlich die Magensaftproduktion zu gering und der Blutdruck zu niedrig war.

Allein die Gelb-Bestrahlung im vorderen Schulterbereich (siehe Illustration unten links) befreite ihn sogleich vom Schwindelgefühl und normalisierte spontan den Blutdruck. Zusätzlich erfolgten eine viermalige Gelb-Bestrahlung der Magenpunkte seitlich unterhalb der Knie (siehe Illustration unten rechts) innerhalb von zwei Wochen, die tägliche Einnahme pflanzlicher Bittermittel und die Harmonisierung seiner Lebenseinstellung mit der Bachblüte *Honeysuckle*. Dieser Mann fühlte sich nach der zweiwöchigen Behandlung beschwerdefrei.

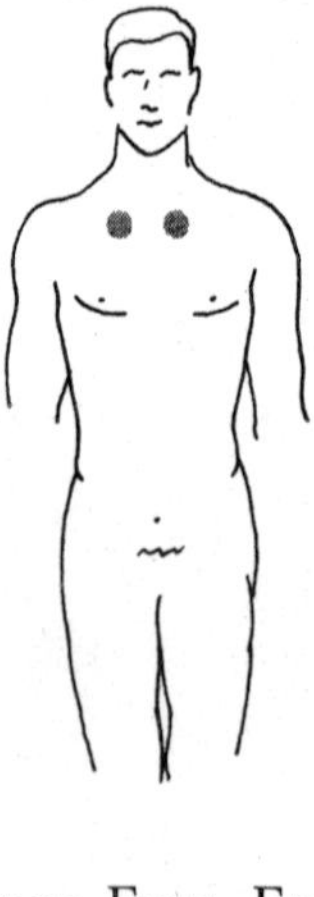

– Eine junge Frau, Ende zwanzig, klagte beim ersten Besuch in der Praxis über leichte allgemeine Übelkeit, Schwierigkeiten mit einer geregelten Verdauung, eine Tendenz zu geschwollenen Venen in den Füßen und ab und zu leichte Kopfschmerzen.

Die Anamnese wies auf eine ungenügende Leberfunktion hin. Daraufhin wurden die Leberpunkte am

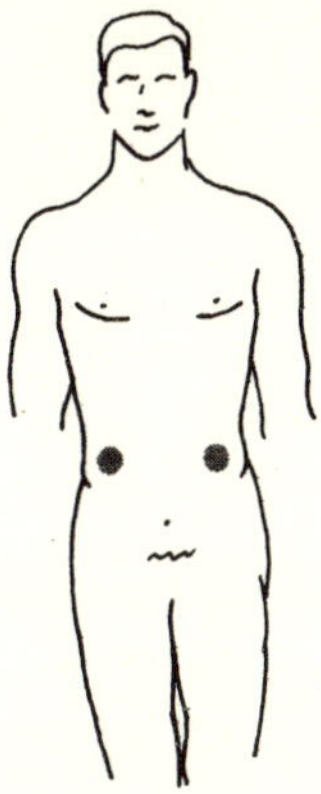

Rand des Rippenbogens und an den großen Zehen (siehe Illustrationen) bestrahlt sowie pflanzliche Lebermittel verordnet. Bei der Kontrolle zwanzig Minuten später zeigte sich bereits eine Aktivierung der Leberfunktion. Die junge Frau fühlte sich zusehends besser und nach drei bis vier Wochen beschwerdefrei, musste aber weiter die Leber mit pflanzlichen Lebermitteln von Zeit zu Zeit unterstützen und vor allem auf Alkohol, den sie sowieso nicht verträgt, verzichten.

Eine interessante Beobachtung beim Umgang mit pflanzlichen Lebermitteln: Viele »Leberpflanzen« tragen gelbe Blüten, zum Beispiel Löwenzahn, Schöllkraut, Ringelblume, Johanniskraut und Schlüsselblume.

– Wenn die Niere und/oder die Lymphdrüsen angeregt werden sollen, wird man Gelb an die entsprechenden Punkte strahlen. Diagnose und Behandlung sollten dem Fachmann bzw. der Fachfrau überlassen bleiben (Vorsicht bei Bestrahlung der Lymphdrüsenpunkte bei Bluthochdruck)!

Noch ein praktisches Beispiel, diesmal aus der Erfahrung des Koautors: Unbestimmte unangenehme Staugefühle in den Lymphgefäßen nach einer bereits zwei Jahre zurückliegenden Extraktion eines Weisheitszahns lösten sich spontan innerhalb von einer Viertelstunde auf, nachdem der Unterkiefer von außen etwa drei Minuten mit Gelb bestrahlt wurde.

– Für Gelb in der Farbbestrahlung zur Steigerung der Lernfreude und des Eifers (vor allem bei Kindern), zur Anregung der Arbeitslust, zur Stärkung der Teilnahme am Umweltgeschehen und Erweckung von Interesse an der aktiven, bewussten Gestaltung des eigenen Lebens gibt es keine spezifischen Punkte. Vielmehr sollte die heitere Sonnenfarbe Gelb im persönlichen Umfeld verwendet werden – gelbe Blumen, gelbe Kleidungsstücke, notfalls auch einmal gelbe Wandfarbe, gelber Teppich, gelbe Aktendeckel im Büro usw.

Violett

Bedeutung

Violett ist die am stärksten künstlerische und metaphysische Farbe, sie ist auch die Farbe von Alchemie, Magie und Mystik.
Violett besitzt die höchste Schwingungsfrequenz und zugleich die kürzeste Wellenlänge (des sichtbaren Lichtspektrums).
Violett gilt sowohl als Farbe der kosmischen Energie wie auch der Radioaktivität.
Violett steht für spirituelle Erfahrungen (auch Leidenserfahrungen) und Bewusstheit.
Violett ist die Farbe des New Age bzw. des Wassermann-Zeitalters und damit die Farbe der Inspiration.

Beim Experimentieren mit Violett wird man feststellen, dass es normalerweise eine angenehm kühlende Wirkung besitzt. Allerdings kann es bei längerer Bestrahlung am Scheitelzentrum auch zu Kopfschmerzen und Schwermut führen, an anderen Stellen zu einem bestimmten stechenden Kribbeln (Ausgleichsfarbe ist dann Gelb).

Violett ist die am stärksten reinigende Farbe, die, vor allem über geistige Ebenen, auf das Gemüt wirkt. Mit Violett lassen sich Disharmonien zwischen polaren Schwingungen ausgleichen, also zwischen Yin und Yang, aktiv und passiv, weiblich und männlich.

Violett

Therapie

- kann eingesetzt werden, wenn äußerlich sichtbare Unreinheiten vorliegen oder man das Bedürfnis zur »inneren« Reinigung spürt;
- kann den Schwingungsausgleich zwischen den beiden Hirnhälften bewirken;
- kann zur Öffnung des Bewusstseins für nichtmaterielle Lebenserfahrung dienen.

Beispiele bzw. Anwendungsvorschläge

Aus der Praxis

Es lassen sich zwar eine ganze Reihe von Fallbeispielen anführen, da Violett aber eine vor allem psychisch wirksame Heilfarbe ist, sind »handfeste« Wirkungen noch subjektiver als bei den anderen Farben. Deshalb folgen im Wesentlichen Anwendungsvorschläge, die erst noch weiter erprobt und systematisiert werden müssen. Erwiesen ist, dass Violett-Bestrahlung Wunden schneller heilen lässt, ähnlich wie Blau. Der Einsatz der Komplementärfarben Violett und Gelb mit der Bachblüte *Crab Apple* wird später erläutert.

Aus der eigenen Praxis ist ein Fall zu erwähnen, bei dem der Stimmverlust einer sehr medial veranlagten Frau Mitte fünfzig, die Sängerin ist, mit häufiger Violett-Bestrahlung wieder vollkommen aufgehoben werden konnte.

Auch bei Akne, besonders bei psychisch bedingter und beim Auftreten in der Pubertät, hat Violett gute Resultate gezeitigt.

Violett wird vor allem von vorn auf das Herzzentrum gestrahlt, hinten in die Mitte des Rückens, in die Mitte der Schamhaargrenze und oben aufs Scheitelzentrum (siehe Illustrationen auf Seite 115).

Violett kann die höhere Intuition anregen, was be-

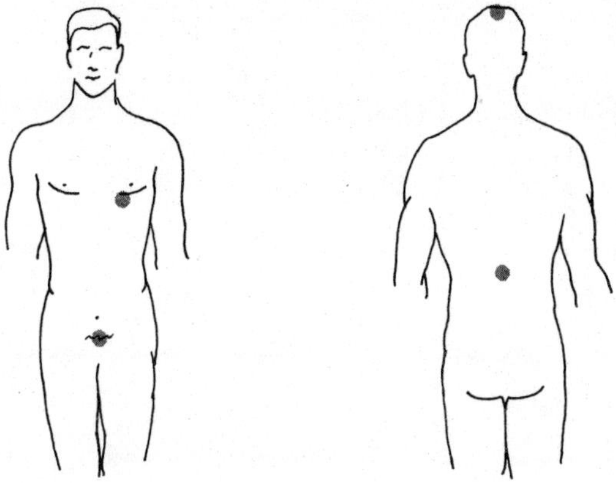

sonders bei sehr intellektuell und materiell eingestellten Menschen notwendig sein kann (hier also wiederum in der Komplementärfunktion zu Gelb).

Dazu gehört der Ausgleich der Schwingungen zwischen den beiden Gehirnhälften, der linken, aktiven, männlichen, extrovertierten, praktischen und der rechten, passiven, weiblichen, introvertierten, künstlerischen.

Mit diesem Ausgleich ist oft auch eine Harmonisierung der weiblichen und männlichen Kräfte, der Anima und des Animus, verbunden. In einer Zeit der Neuorientierung auch in Bezug auf die Rollenverteilung zwischen den Geschlechtern, der Entwicklung neuer Sensibilität und Bewusstheit und eines Selbstverständnisses, das über reine Sexualität hinausgehen muss, kann Violett uns für wesentliche geistige und metaphysische Einsichten öffnen.

Als Reinigungsfarbe wird Violett übrigens auch dann helfen können, wenn man sich von ungünstigen Einflüssen oder sogar »Wesen« beeinflusst fühlt. Manche Menschen sind für solche »astralen« Einflüsse vor allem dann empfänglich, wenn sie über eine zu starke Öffnung des

Sonnengeflechts (zu viel Gelb im »Gefühlszentrum« im Bauch) mit Gefühls-, Gedanken- und Jenseitskräften in Berührung kommen, ohne durch eine geistige Führung (zum Beispiel einen kompetenten spirituellen Meister) geschützt zu sein.

(Mehr über die Zusammenhänge zwischen körperlichen, feinstofflichen und metaphysischen Ebenen in meinem Buch »Die Farben Deiner Seele«, siehe Literaturverzeichnis.)

Türkis

Türkis nimmt in der Farbtherapie aus mehreren Gründen eine Sonderstellung ein.

Zum einen wird es bislang nur sehr selten angewendet. In der »klassischen« Farbenlehre taucht es nicht auf (siehe Goethe-Farbkreis) und erfährt deshalb auch keine unumstrittene komplementäre Zuordnung zu einer anderen Farbe. Auch die bekannte Zuordnung der Komplementärfarben beruht auf bestimmten Konventionen.

Eine mögliche Zuordnung sieht so aus:

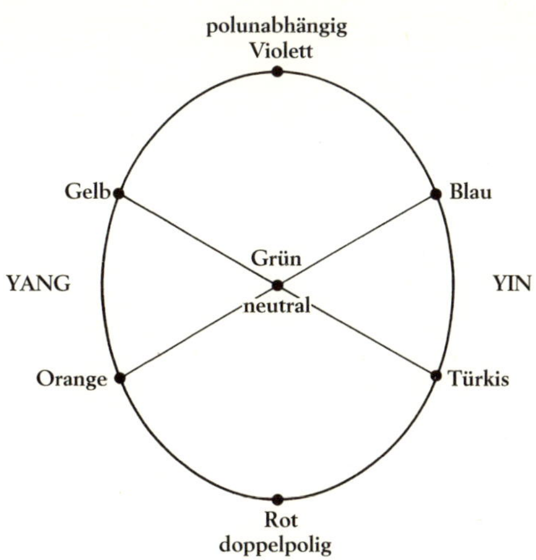

Farbe des Kehlkopfzentrums

Wir gehen von der östlichen Farben- und Chakraphilosophie einerseits und praktischen Anwendungserfahrungen bei uns im Westen andererseits aus, wenn wir die Farbe Türkis als die Farbe des Kehlkopfzentrums erkennen. Als eventuelle Komplementärfarbe für Türkis kommt Gelbgrün in Frage.

Bedeutung **Türkis** ist eine erfrischende und kühlende Farbe.

Türkis gilt als Farbe der schöpferischen Gedankenkraft, des klaren sprachlichen Ausdrucks und der aufrichtigen Kommunikation.

Türkis symbolisiert Wahrheit.

Türkis steht für die Schilddrüse und ihre Steuerungsfunktionen und den Ausgleich von nicht erkannten, disharmonischen Emotionen.

Türkis ist das weite Himmelsgewölbe über unserer irdischen Wohnstatt, das uns einen Blick in die Unendlichkeit erlaubt.

Türkis stellt eine Brücke zwischen Erde und Äther dar.

Therapie Gefahren beim Umgang mit Türkis in der Farbtherapie sind uns nicht bekannt.

Türkis wird vor allem bei disharmonisch erregter Tätigkeit der Schilddrüse eingesetzt, bisweilen auch zur

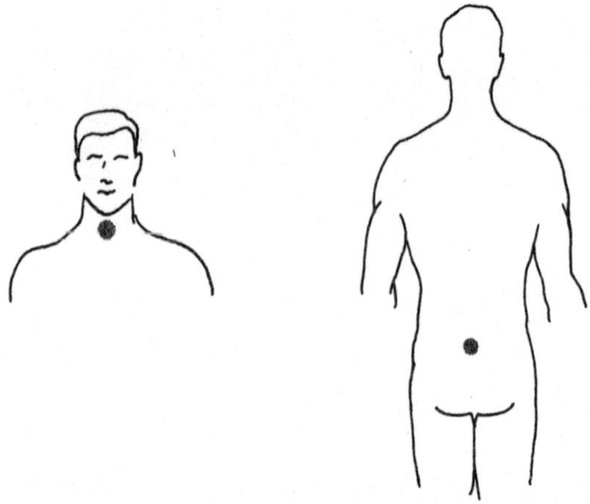

Harmonisierung des Sexualzentrums bei übersteigerter Sexualität. Es bewährt sich auch bei geistigen Erschöpfungszuständen durch Stress, aber ebenso durch »elektromagnetischen Smog« (stundenlange Arbeit bzw. Aufenthalt vor nicht abgeschirmten Computern, Fernsehern, in der Nähe von Radiosendern und Radarstationen usw.).

In der Tradition der Pueblo-Indianer sind Fenster- und Türstöcke türkis, um die bösen Geister zu bannen; den mesoamerikanischen Indianern galt der Türkis als Götterstein.

Türkis strahlt man auf den Schilddrüsenbereich und die Kreuzbeingegend (siehe Illustrationen auf Seite 118).

Weiß und Schwarz

Weiß und **Schwarz**, also Licht, das alle Farben beinhaltet, und Dunkelheit, die alle Farben absorbiert, spielen in der Farbtherapie eine wichtige Rolle.

Schwarz **Schwarz**, das heißt Dunkelheit, Abschalten von Licht- und Farbreizen jeder Art, ist vor allem dann notwendig, wenn Menschen unter extremen Erschöpfungszuständen und/oder psychosomatischer Überreizung leiden. Die Dunkelheit hilft, zunächst zur Ruhe zu finden. Eine Farbbehandlung kann dann umso wirkungsvoller ansetzen. Deshalb ist es so wichtig, die Nachtruhe in natürlicher Dunkelheit zu verbringen, um eine tiefgreifende Erholung durch den Schlaf zu erzielen.

Dauernd Schwarz zu tragen, ist nicht empfehlenswert, weil darin entweder verdeckte Aggressionen und Machtansprüche ausgedrückt werden oder man Energien von außen ungefiltert aufnimmt. (Negativbeispiele: die SS, schwarzmagische Kulte.)

Weiß Bei **Weiß** muss man unterscheiden zwischen weißem Licht, welches das ganze Spektrum der Farben – zu Weiß vereint – abstrahlt, und weißen Oberflächen, die weiß reflektieren.

Weiß wird in der *spezifischen Farbtherapie* nicht eingesetzt. Wir sind auf der Erde in einem Entwicklungsstadium, in dem wir auf die äußere Einwirkung von weißem »Vollspektrumlicht« zur Heilung spezifischer Krankheiten (noch) nicht ansprechen.

Das bedeutet nicht, auf die Energie oder Schwingung

des weißen Lichts zu verzichten. Das unspezifisch wirkende weiße Sonnenlicht ist vielmehr lebensnotwendig – ohne Sonnenlicht werden wir krank, mit zu viel aber auch! Zu viel weißes Licht »verbrennt«, zu viel direkte Sonne verbrennt unsere Haut.

Für unser Licht zu Hause oder am Arbeitsplatz ist das so genannte Vollspektrum-Licht am wenigsten schädlich. Derartige Beleuchtungskörper werden im Handel angeboten.

Weiß in der Kleidung und als Wandfarbe reflektiert alle Lichtwellen, ohne eine bestimmte Farbe herauszufiltern. Es besitzt im Vergleich zum Sonnen- oder Kunstlicht allerdings keine eigene Strahlkraft. So wirkt es nicht als direkte Energie, sondern vielmehr als Befreiung von Farb- und anderen Einflüssen.

Weiß in der Kleidung gilt als bewusste Ausrichtung auf Reinheit, Klarheit und Neubeginn (wenn nicht aufgesetzte »Heiligkeitsansprüche« dahinterstehen).

Zusammenfassende Stichworte zu den Heilfarben

Die Stichworte sind als Anhaltspunkte zu verstehen, nicht als unveränderliche Festlegungen. Es kommt immer auf den Ausgangspunkt und die Ausrichtung an, welche Bezüge zwischen Farben und Wirkungen hergestellt werden. Geht es um körperliche, emotionale, geistige oder spirituelle Gesundheit? Oder geht es um das Erleben und die Aktivierung der Kraftzentren, der so genannten Chakras?

Oder handelt es sich vielleicht um farbenphilosophische Überlegungen? Bitte nutzen Sie diese und andere Angaben in den Handbüchern über Farbe (siehe Anhang), um eigene Erfahrungen zu sammeln. Letztlich sind Sie selbst der beste »Experte«, um Ihr Leben eigenverantwortlich zu führen, Gesundheit zu verwirklichen und Sinn zu erfahren.

Wir hatten eingangs darauf hingewiesen: Diese Übersicht dient als eine Einführung in die Selbsthilfe durch Farbtherapie.

Sie ersetzt nicht die weitere Forschung und eigene praktische Erprobung; sie ersetzt auch nicht die Eigenverantwortung und freie Therapiewahl oder die Beratung und Behandlung durch einen kompetenten Heilkundigen, wo dies angezeigt ist.

Techniken der Farbtherapie

Wir haben bislang immer von *Farbbestrahlung* gesprochen. Die Farbtherapie kennt jedoch mehrere sinnvolle Techniken, Farben zur Heilung einzusetzen. Die wichtigsten sind in der unten stehenden Zusammenfassung erfasst.

Farbbestrahlung

Farbbestrahlung mit Farblampen: Diese Farbbestrahlung wird flächig auf den ganzen Körper oder einzelne Körperteile oder gezielt auf spezifische Bereiche und Punkte, wie sie im weiteren beschrieben und illustriert sind, vorgenommen. (Hinweis auf eine Farb-Handlampe siehe Anhang.)

Andere Techniken

Auflegen von Farbfolien oder Farbtüchern auf bestimmte Bereiche, zum Beispiel Kraftzentren (Chakras).

Das Benutzen von Farb-Untersetzern (siehe Anhang); Aufkleben von Farbpunkten oder Aufmalen von Farben mit Stiften, gezielt auf Akupunktur- und Akupressurpunkte.

Tragen ausgewählter farbiger Kleidungstücke, vor allem Hemden, Blusen, Schals, Wäsche und evtl. Hüte.

(Vorsicht bei getönten Brillen und Kontaktlinsen: Sie beeinträchtigen häufig die natürliche Regenerationskraft der Augen.)

Einnahme farbig bestrahlten Quellwassers (zum Beispiel in farbiger Flasche einen Tag lang im Sonnenlicht stehen lassen).

Bewusste Auswahl bestimmter Lebensmittel nach Farben (so heißt es bekanntlich, dass man möglichst sowohl roten als auch grünen und gelben bzw. weißen Salat essen soll; eine farbige Vielfalt der Ernährung trägt zur natürlichen Harmonisierung bei).

Freies Farben-Malen (Ausdruckszeichnen), um die derzeitige Gemütsschwingung unmittelbar zu sehen und zu erkennen.

Visualisation von Farben – mental oder in der Meditation (siehe Kapitel 5).

Wenn eine Farbbestrahlung aus irgendwelchen Gründen nicht in Frage kommt, können die aufgeführten anderen Techniken sinngemäß angewandt werden.

Die Kombination von Bachblüten-Essenzen und Farbtherapie

Bachblüten-Essenzen und Farbtherapie ergänzen sich. In beiden Fällen beruhen die jeweiligen Heilwirkungen auf den Energien, den Schwingungsfrequenzen.

Zunächst einmal schiene es einleuchtend, wenn zu jeder der sieben Bachblüten-Gruppen auch jeweils eine der sieben genannten Farben gehörte. Die Entsprechung zu den sieben Hauptchakras, den sieben Strahlen, den sieben Gestirnen der alten Astrologie und anderen »Siebenern« liegt nahe. Die Praxis hat jedoch erwiesen, dass sich in einigen Fällen Bachblüten und jeweils zwei Farben am besten therapeutisch ergänzen.

Die folgenden Entsprechungen zwischen Bachblüten-Essenzen und Farbtherapie wurden auf ähnliche Weise gefunden wie die Zuordnung von Bachblüten und Heilwirkungen: durch Selbstversuche, mannigfaltige Anwendung in der Heilpraxis, Forschung und Intuition.

Gegenseitig verstärkende Wirkung

Allgemein gilt: Wenn man eine Bachblüten-Essenz als passend erkannt hat, so wird die jeweils angegebene Farbe die Wirkung ihrer harmonisierenden Schwingung noch weiter verstärken.

Aber man kann auch umgekehrt vorgehen: Wenn man feststellt, dass eine bestimmte Farbe die notwendige therapeutische Wirkung hat, so empfiehlt sich, unter den verschiedenen angegebenen Bachblüten die entsprechende Essenz zu ermitteln.

Bachblüten-Farbkarten

Es gibt inzwischen einen handlichen Satz von Bachblüten-Farbkarten, die auf der Vorderseite das Bild jeweils einer Bachblüte und auf der Rückseite die entsprechende Farbe zeigen. Ein Satz von Bachblüten-Farbkarten ist dem Buch beigefügt. Dieser »Farben- und Bachblüten-Test« lässt sich sehr gut verwenden, um intuitiv herauszufinden, welche Schwingung man in sich selbst stärken und harmonisieren sollte (siehe ausführliche Beschreibung in Kapitel 7).

Auf den nächsten Seiten finden Sie die Zuordnung von Farben zu den sieben Hauptgruppen der Bachblüten-Essenzen (einen Hinweis auf eine geeignete Farb-Handlampe zur Bestrahlung mit verschiedenen Farben, auch mit Pyramidenfokus, finden Sie im Anhang).

Gruppe 1:
»Angst«

Heilfarbe Gelb

Zur Gruppe »Angst« gehören bekanntlich:
- Rock Rose (Gelbes Sonnenröschen)
- Mimulus (Gefleckte Gauklerblume)
- Cherry Plum (Kirschpflaume)
- Aspen (Zitterpappel)
- Red Chestnut (Rote Kastanie)

Alle fünf Essenzen werden in ihrer Heilwirkung durch *Gelb* ergänzt, das auf der *Yinseite* (Vorderseite des Körpers) eingesetzt wird.

Am sinnvollsten lässt man *Gelb* am unteren Ende des Brustbeins einwirken (siehe Illustration), weil wir dort das angstauflösende Gelb am besten aufnehmen und umsetzen können. Anders gesagt: An diesem Punkt sind wir am empfänglichsten für Energien, die geeignet sind, Angst auszugleichen und uns zu harmonisieren. (Der geschulte Akupunkteur kennt diesen »Angstpunkt« als KG15.)

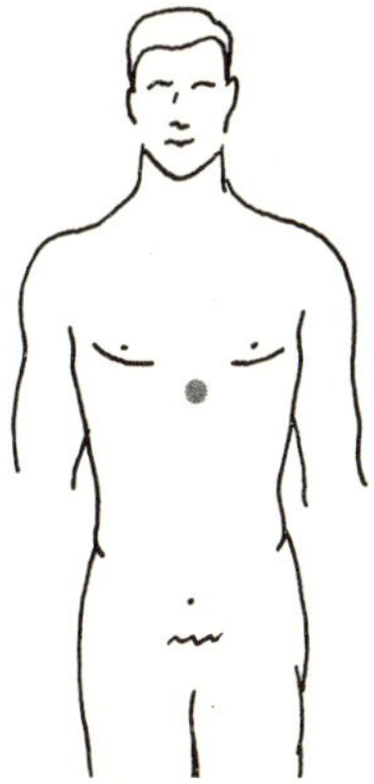

Gruppe 2:
»Unsicherheit«

Heilfarben Rot und Grün

Zur Gruppe »Unsicherheit« gehören:
- Cerato (Bleiwurz)
- Scleranthus (Einjähriger Knäuel)
- Gentian (Bitterer Enzian)
- Gorse (Stechginster)
- Hornbeam (Hainbuche)
- Wild Oat (Waldtrespe)

Alle diese Essenzen entsprechen in ihrer Schwingung Rot, das auf die *Vorderseite* des Körpers einwirkt (siehe Illustration).

Gorse und *Wild Oat* wirken schneller und besser, wenn man in diesem Fall auf der Rückseite zusätzlich mit *Grün* bestrahlt (siehe Illustration).

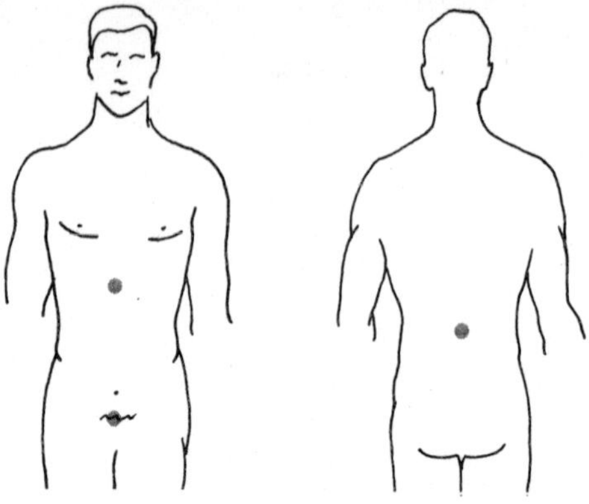

Gruppe 3:
»Mangelndes Interesse an der Gegenwart«

Heilfarben Gelb und Türkis

Zur Gruppe »Interesselosigkeit« gehören:
- Clematis (Weiße Waldrebe)
- Honeysuckle (Jelängerjelieber)
- Wild Rose (Heckenrose)
- Olive (Olive)
- White Chestnut (Weiße Kastanie)
- Mustard (Ackersenf)
- Chestnut Bud (Knospe der Rosskastanie)

Die *ersten drei* Blütenessenzen – *Clematis, Honeysuckle* und *Wild Rose* – werden in ihrer harmonisierenden Wirkung in der Farbtherapie durch *Gelb* ergänzt, auf die *Vorderseite* des Körpers angewandt (allgemeingültige, spezifische Punkte sind hier nicht gegeben).

Die *anderen vier Mittel – Olive, White Chestnut, Mustard, Chestnut Bud* – entsprechen in ihrer Schwingung *Türkis,* das auf den Halsbereich (Kehlkopfchakra und Schilddrüse) strahlt (siehe Illustration).

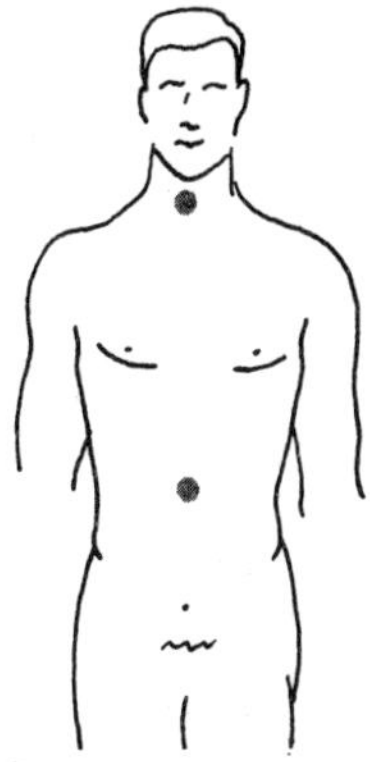

Gruppe 4:
»Einsamkeit«

Heilfarben Grün und Rot

Zu dieser Gruppe gehören:
- Water Violet (Sumpfwasserfeder)
- Impatiens (Drüsentragendes Springkraut)
- Heather (Heidekraut)

Alle drei Blütenessenzen werden durch *Grün* ergänzt, auf der *Yangseite,* in der *Mitte des Rückens* (siehe Illustration). Bei *Heather* wird dessen Wirkung durch *Rot* auf der *Vorderseite* des Körpers verstärkt.

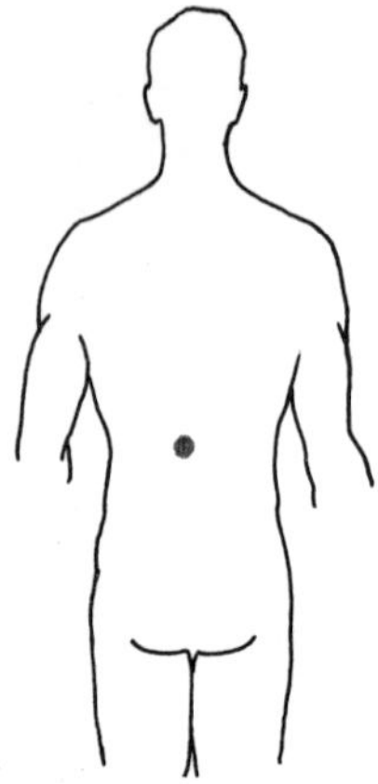

Gruppe 5:
»Überempfindlichkeit für Einflüsse und Ideen«

Heilfarben Blau und Orange

Zu dieser Gruppe gehören:
- Agrimony (Odermennig)
- Centaury (Tausendgüldenkraut)
- Walnut (Walnuss)
- Holly (Stechpalme)

Bei *allen* Mitteln der Gruppe 5 entspricht *Blau* der notwendigen Schwingung.

Es wird die *Rückseite* des Körpers (vor allem im Nackenbereich) bestrahlt (siehe Illustration).

Wenn *Holly* die ausgewählte Blütenessenz ist, hilft *Orange* an der Mitte der oberen Schamhaargrenze zusätzlich (siehe Illustration).

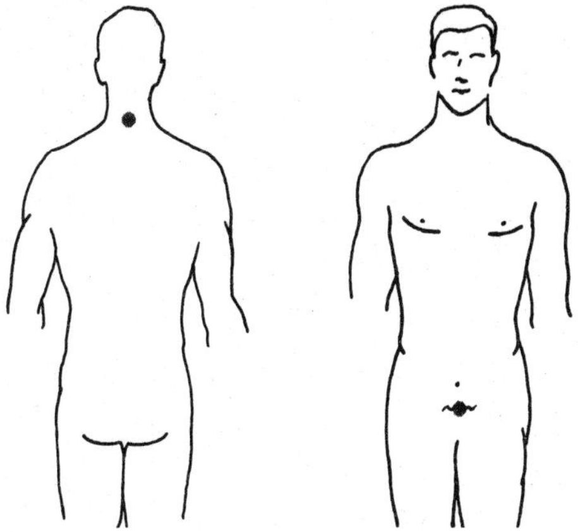

Gruppe 6:
»Mutlosigkeit – Verzweiflung«

Heilfarben Orange und Violett

Zu dieser Gruppe gehören:

- Larch (Lärche)
- Pine (Föhre)
- Elm (Ulme)
- Sweet Chestnut (Edelkastanie)
- Star of Bethlehem (Doldiger Milchstern)
- Willow (Weide)
- Oak (Eiche)
- Crab Apple (Holzapfel)

Der Schwingung *aller* dieser Essenzen *außer Crab Apple* entspricht in der Farbtherapie *Orange*. Die Farbe *Orange* wird auf den *Rücken* zwischen die Schulterblätter gerichtet (siehe Illustration).

Bei *Crab Apple* wird *Violett* in der Mitte der oberen Schamhaargrenze eingesetzt und am Scheitelzentrum (siehe Illustration).

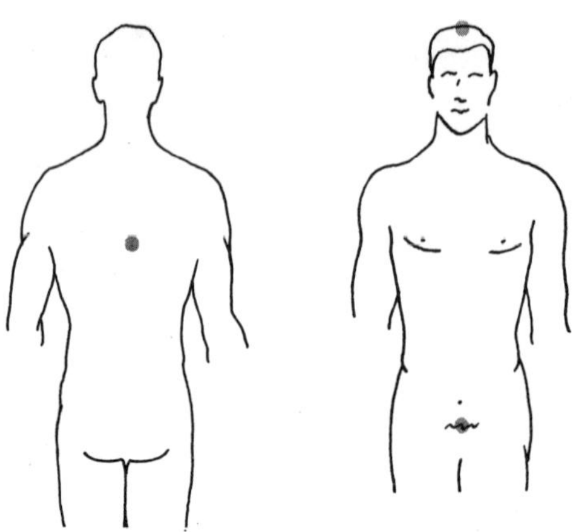

Gruppe 7:
»Übertriebene Sorge um das Wohl anderer«

Heilfarbe Grün

Zu dieser Gruppe gehören:
- Chicory (Wegwarte)
- Vervain (Eisenkraut)
- Vine (Weinrebe)
- Beech (Rotbuche)
- Rock Water (Heilquellenwasser)

Alle fünf Essenzen werden durch *Grün* auf dem *Rücken* – etwa in der Mitte oberhalb der Taille – wirkungsvoll verstärkt (siehe Illustration).

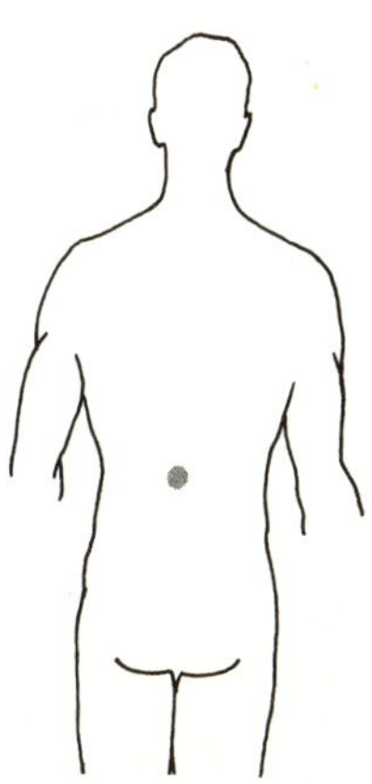

3. Kapitel

Die Schüßlersalze

Lebensnotwendige Mineralsalze für die Erhaltung unserer Gesundheit

Ein System versagt. Was ist zu tun? Nehmen wir zur Veranschaulichung ein Beispiel: Einer wichtigen Firma der Stahlbranche droht der Zusammenbruch. Arbeiter müssen entlassen werden, Steueraufkommen und Bruttosozialprodukt sinken, die Volkswirtschaft leidet. Was tun? Es wird nach Subventionen gerufen, die erfahrungsgemäß die Misere aber nicht beheben, sondern den Zusammenbruch nur hinausschieben.

Ein anderes Beispiel, das uns näher an unser Thema Gesundheit heranführt: die Landwirtschaft! Mit »modernen« Produktionsmethoden, Kunstdünger, Massenherstellung usw. haben wir eine »leistungsfähigere« Nahrungsmittelproduktion geschaffen. Die Folgen: Viele kleine Bauern machen Konkurs, die Landwirtschaft als Ganzes muss mit Milliardenbeträgen subventioniert werden. Und statt natürliche *Lebens*mittel in reichhaltiger Vielfalt auf dem Markt angeboten zu erhalten, geben wir uns mit wenigen, oft nährstoff- und aromaarmen Füllstoffen zufrieden.

Wer gesundheitsbewusst lebt, versucht diesen Mangel dann durch Einkauf in Bioläden und Reformhäusern auszugleichen und durch Einnahme zusätzlicher Vitamine, Minerale, Pflanzensäfte und aufbauender Tonika ein Übriges zu tun. Scheinbar ein vernünftiger Ausweg – in Wirklichkeit aber wieder nur »Subvention«.

Was wir aus der Wirtschaft als Subvention kennen, ist dem so genannten *Substitutionsprinzip* in der Gesundheitslehre vergleichbar. Wenn die Eigenkräfte nicht mehr ausreichen, wird von außen neue Kraft zugeführt, in der Wirtschaft in Form von Steuergeldern, im Körperbereich in Form von Ersatz- und Zusatzstoffen.

Stärkung der Eigenkräfte

Das Problem: die Subventionen werden verbraucht, die Ersatzstoffe werden verzehrt, Impulse zur ganzheitlichen Gesundung des Systems aus *eigener* Kraft fehlen – der Teufelskreis der sich gerade selbst erhaltenden Subvention und Substitution wird nicht durchbrochen.

An dieser entscheidenden Stelle setzen »natürliche«, das heißt auf die Natur bezogene Therapien an, sowohl in der Wirtschaft wie in der Gesundheit. (In der Wirtschaft zum Beispiel durch Bildung kleinerer Einheiten, von Produktionsprozessen, in denen der Mensch und nicht die Maschine der Maßstab ist, durch Qualitätswachstum statt Quantitätssteigerung usw., vgl. E. Schumacher: »Small is Beautiful«.)

In diesem Handbuch zur Selbsthilfe werden wichtige Therapieansätze aus der Naturheilkunde vorgestellt. Dazu gehören auch die homöopathischen Mineralsalze oder Lebenssalze, die nach ihrem Entdecker Dr. med. Wilhelm Heinrich Schüßler auch »Schüßlersalze« genannt werden. Man kennt sie auch unter den Bezeichnungen »Zellsalze« oder »biochemische Funktionsmittel«.

Zur Bedeutung der Lebenssalze zitieren wir aus Kurt Hickethiers »Lehrbuch der Biochemie« (Seite 13, siehe Literaturverzeichnis):

Lebensnotwendige Mineralsalze

»Durch das Leben der Zelle wird Stoff verbraucht. Geht die Aufnahme der lebenswichtigen Stoffe im angemessenen Verhältnis zum Verbrauch vonstatten, ist die Zelle gesund. Sind sämtliche Zellen eines Organs gesund, dann ist auch die Harmonie gesichert. Arbeiten sämtliche Organe des menschlichen Körpers reibungslos, befindet sich der Mensch im Zustand der Gesundheit.

Die ›lebende Substanz‹ der Zelle, die Zellflüssigkeit, enthält alle zum Leben der Zelle erforderlichen Stoffe, wie Wasser, Eiweiß, Fett, Kohlenhydrate und Salze. An der Gesamtheit der Bestandteile gemessen, bilden Salze zwar nur einen sehr kleinen Teil der Zellflüssigkeit…, aber die im Blute und in den Geweben vertretenen anorganischen Stoffe (Lebenssalze) genügen zur Heilung aller Krankheiten, welche überhaupt heilbar sind.«

Die zwölf Schüßlersalze

2 Kalksalze:
Calcium fluoratum (Flussspat)
Calcium phosphoricum (phosphorsaurer Kalk)

1 Eisensalz:
Ferrum phosphoricum (phosphorsaures Eisen)

3 Kalisalze:
Kalium chloratum (Kaliumchlorid)
Kalium phosphoricum (phosphorsaures Kali)
Kalium sulfuricum (schwefelsaures Kali)

1 Magnesiumsalz:
Magnesium phosphoricum (phosphorsaure Magnesia)

3 Natronsalze:
Natrium chloratum (Natrium muriaticum, Chlornatron – Kochsalz in Molekularform)
Natrium phosphoricum (phosphorsaures Natron)
Natrium sulfuricum (schwefelsaures Natron)

1 Säure:
Silicea (Kieselsäure)

1 Sulfat:
Calcium sulfuricum (Kalziumsulfat, Gips)

Schüßler empfiehlt für neun dieser zwölf Mineralien eine homöopathische Verdünnung von D6, lediglich für *Calcium fluoratum, Ferrum phosphoricum* und *Silicea* empfiehlt er D 12.

Zur Dosierung

Es ist unmöglich, hier allgemein verbindliche Angaben und Vorschriften zu bringen. Es empfiehlt sich, vor allem bei akuten und ernsten Gesundheitsstörungen den Heilpraktiker bzw. den naturheilkundigen Arzt zu Rate zu ziehen. (Selbst die »Biochemische Hausapotheke« der DHU – Deutsche Homöopathische Union –, die diese zwölf Mittel plus zwölf Ergänzungsmittel enthält, verzichtet auf eine Dosierungsangabe. Wir gehen übrigens in diesem Handbuch auf die Ergänzungsmittel und auch auf die ebenfalls angebotenen Salben nicht ein. Der handliche Umfang würde gesprengt, und die Übersichtlichkeit ginge verloren. Überdies gelten die zwölf Schüßlersalze als universelle Hauptmittel.)

Als **Anhaltspunkte zur Dosierung** mögen dienen
- zwei- bis dreimal täglich 3 bis 4 Tabletten lutschen;
- bei akuten Zuständen alle 5 Minuten bis zu jeder Stunde 1 Tablette lutschen;
- Dauer der Einnahme: bis zu einer spürbaren Veränderung des Zustands.

In einer natürlichen gesunden Ernährung sind die Lebenssalze oder Mineralien in einem ausgewogenen Verhältnis vorhanden und werden problemlos aufgenommen und verwertet.

Diese Salze sind kräftegebende Faktoren und wirken im Organismus als Lebensträger des Aufbaus und des Stoffwechsels. (Zum Beispiel dient phosphorsaures Natron im Blut als Beförderungsmittel, um die Kohlensäure abzuführen.)

Wirkungsprinzip der Mineralsalze

Das Wirkungsprinzip der Schüßler'schen Lebenssalze beruht darauf, dass die Zellen zur schöpferischen Eigenproduktion jener Stoffe angeregt werden, die zur Wiedererlangung und Aufrechterhaltung der Gesundheit notwendig sind.

Die Schüßlersalze- oder Lebenssalztherapie versucht also nicht, Gesundheitsmängel zu »subventionieren« bzw. Ersatzstoffe heranzuschaffen, die mehr oder weniger schnell verbraucht oder oft genug noch nicht einmal aufgenommen, sondern unverbraucht ausgeschieden werden. Es geht vielmehr darum, die Zellen und den Organismus an ihren Auftrag »zu erinnern«, Lebenssalze aufzunehmen und zu verwerten. Diese Fähigkeit wird durch mangelhafte Ernährung, durch körperlich und psychosomatisch bedingte Krankheiten und durch disharmonische seelische Schwingungen gemindert oder sogar »vergessen«.

Man kann die zwölf Schüßler'schen Funktionsmittel mit Instruktionsblättern oder Programmierinformationen vergleichen. Diese Lebenssalze in homöopathischer Form geben an die Zellen unseres Organismus die Instruktion oder Information, bestimmte lebenswichtige Mineralien aus unseren Lebensmitteln herauszulösen und im komplexen Prozess unseres Stoffwechsels auf die richtige Weise einzusetzen.

Homöopathische Verdünnung

Durch ihre homöopathische Verdünnung erfahren die Wirksubstanzen ihre größte Aufgeschlossenheit und höchste Reaktionsfähigkeit. Die Lebenssalze erreichen dabei etwa Molekülgröße und können nur in dieser Form die Zellmembran passieren! Deshalb sind die Schüßler'schen Lebenssalze heilwirksamer als Mineralgaben in nichthomöopathischer Form.

Hartwig Gäbler schreibt in »Wesen und Anwendung der Biochemie« (DHU 1991) dazu unter anderem:

Es kommt »auf gezielte Arzneireize an, die das Heilbestreben des Körpers in angemessener Weise unterstützen oder anregen. Hierzu sind nur kleinste Stoffmengen in feinster Verteilung fähig, wie sie in etwa Konzentrationen im Blut und im Gewebe des Menschen entsprechen.«

Und weiter: »Störungen der Molekularbewegung, wie sie für kranke Zellen typisch sind, werden durch die gleichartigen Mineralsalzmoleküle beseitigt und damit (wird) die Hemmung des Säfteaustausches zwischen Zelle und ungebundenem extrazellularem Gewebe aufgehoben. Die Zelle kann sich biologisch regenerieren.« Dies sind vereinfachte Beschreibungen der Zellprozesse, die für unseren Zweck, ein allgemeines Verständnis für die Zusammenhänge zu gewinnen, ausreichen.

Es ist vielleicht interessant, festzustellen, dass die zuvor erwähnten »Instruktionsblätter« und »Programmierinformationen« in Notfällen auch noch eine zusätzliche Funktion ausüben können.

Reiz- und Substitutionsfunktion

Wenn der Mangel an Lebenssalzen nicht durch eine entsprechende gesunde Ernährung ausgeglichen werden kann – vielleicht, weil derartige Lebensmittel nicht (mehr) erhältlich sind oder eine geregelte Versorgung gestört ist –, vermag eine hohe und längerfristige Dosierung des entsprechenden Schüßlersalzes diesem Mangel vorübergehend entgegenzuwirken. Dann übernimmt das Mittel nicht nur eine Reiz-, sondern auch eine Substitutionsfunktion.

Man könnte im Vergleich dazu sagen, dass bei akutem Brennstoffmangel auch viele Zeitungen, Instruktionsblätter und Programmieranweisungen statt Holz oder Kohlen verbrannt werden können, um den Ofen anzuheizen.

Ausnahme: Bei hochgradigem Kaliummangel ist die Substitution durch das Schüßlersalz nicht ausreichend. Andere Mineralstoffmängel in unserer Aufnahme und Verwertung können durch die Schüßlersalze oder Zellsalze ausgeglichen werden. **Ein etwaiger Mangel sollte unbedingt von einem kompetenten Heilkundigen festgestellt und sachkundig behandelt werden.**

Die Kombination der zwölf Schüßlersalze mit den Bachblüten und Farbtherapie

Im Folgenden soll eine Übersicht gegeben werden, bei welchen Leitsymptomen bestimmte Schüßlersalze angezeigt sind, um die Harmonisierung der eigenen Schwingung durch die bereits als passend festgestellte Bachblüten-Essenz von den Zellen her homöopathisch zu unterstützen.

(Nr. 1) Calcium fluoratum D12

Übersicht zum Symptombild

Calcium fluoratum

- erhält die Elastizität des gesamten Körpers, der Muskeln, Bänder, Gewebe und Gefäße
- beruhigt die Schilddrüse
- erhärtet den Zahnschmelz
- fördert die Zahnbildung
- verschafft einen schlanken und elastischen Körperbau

Es wirkt am besten, wenn es bereits in der Kindheit oder von der Mutter während der Schwangerschaft eingenommen wird.

Es dient außerdem als wichtiger Bestandteil der Knochenhüllen bei Knochenbrüchen und zur Förderung eines festen elastischen Körperbaus bei Kindern in der Wachstumsphase.

Angezeigt zur Behandlung unter anderem von
- Bänderzerrungen
- übermäßiger Hornhautbildung (Hühneraugen, Schwielen)
- verhärteten Lymphdrüsen
- spröden Fingernägeln
- Krampfadern (schmerzhafte Venenentzündungen)
- Überdehnung der elastischen Fasern
- Rissen (Afterrisse, Dammrisse)
- Knochenbrüchen (wichtig als Bestandteil der Knochenhüllen)
- Gerstenkorn (mit Silicea)
- Schuppen im Gesicht (mit *Natrium chlor*)
- Talgknötchen, wenn unter der Haut
- Hämorrhoiden
- Karies
- brennenden, ätzenden Schmerzen bei Überdehnung »elastischer Fasern« (Lagerveränderung der Gebärmutter, Bauchmuskelerschlaffung durch Übergewicht)
- Verkalkung der Arterien
- Husten mit hirsekornähnlichem Auswurf, der grießartig und hellgelb ist
- Husten, bellend mit tiefer Resonanz
- überlanger und zu starker Menstruation
- gutartigen Geschwülsten
- Schwellungen

- Haarspitzenspaltung
- Zahnschmelzdefekten (Empfindlichkeit bei heiß und kalt)
- Schmerz bei Belastung

Äußerliche Anzeichen dafür sind:
- Würfelfalten am unteren Augenlid, an der Innenseite der Nase
- Würfelfalten am Oberlid
- rötlich-bräunlich-schwärzliche Färbung hauptsächlich um den inneren Augenwinkel, aber auch auf dem Ober- und Unterlid und um das ganze Auge herum
- oft treten die Würfelfalten zusammen mit der Färbung auf

Zungenmerkmale:
- borkig, rissig, verhornt
- im Alter trocken und bräunlich

Auswurf:
- kastanienartiger Geschmack
- durchsetzt mit hirsekornähnlichen gelblichen Kügelchen

Besserung:
- Bewegung
- Wärme
- Reiben

Verschlimmerung:
- während der Ruhe
- durch Kälte

– durch feuchte Witterung
– bei Änderung des Wetters

Bachblüten ergänzend

Wir stellen nun zunächst fest (wie im Kapitel 1, »Bachblüten-Essenzen in der Heilpraxis«, beschrieben), welche der sieben Schwingungsharmonien gegeben sind, und suchen danach die entsprechende(n) Essenz(en) heraus.

Calcium fluoratum entspricht dem Schwingungsbereich von zwei Essenzen aus der Gruppe **»Angst«**:

– Nr. 25 *Red Chestnut*
– Nr. 26 *Rock Rose*

und zwei Essenzen aus der Gruppe **»Einsamkeit«**

– Nr. 14 *Heather* oder
– Nr. 18 *Impatiens*

Wenn wir eine dieser Essenzen als richtig gewählt bzw. erkannt haben *und* eines der oben genannten Leitsymptome beobachten, können wir davon ausgehen, dass *Calcium fluoratum* in denselben Schwingungsbereich gehört.

Also empfiehlt es sich in diesen Fällen, die angestrebte Harmonisierung der Seelenschwingung durch eine der vier genannten Bachblüten-Essenzen mit entsprechen Gaben von *Calcium fluoratum D 12* zu ergänzen, welches eine gleichgerichtete Harmonisierung auf der Ebene der Zellen fördert.

Farbtherapie ergänzend

Entsprechend *Red Chestnut* und *Rock Rose* aus der Gruppe »Angst« *Gelb* am Akupunkturpunkt KG 15 (Ende des Brustbeins) bestrahlen.

Entsprechend *Heather* und *Impatiens* der Gruppe »Einsamkeit« *Grün* in der Mitte des Rückens bestrahlen.

(Nr. 2) Calcium phosphoricum D6

Calcium phos ist der Hauptbestandteil der Knochen. Es fördert die Blutbildung und bindet Eiweiß. Es gilt als *das* Blutregenerationsmittel.

Übersicht zum Symptombild

Calcium phos *ist der Hauptzellbildner bei allen Prozessen der Neubildung und des Wiederaufbaus*
- zur Knochenfestigung und Knochenerhärtung
- bei Regeneration und Rekonvaleszenz
- stärkt den Nervus Vagus, hat beruhigenden Effekt
- aktiviert Kreislauf und Stoffwechel
- fördert die Salzsäurebildung im Magen
- stärkt die »innere Mitte«
- wirkt abends als Schlafmittel
- wirkt morgens als Weckmittel

Angezeigt als Hauptmittel unter den Schüßlersalzen unter anderem bei:
- Krämpfen, Kribbeln
- Taubheitsgefühl der Muskeln
- Muskelkrämpfen im Wachstum
- Durchblutungsstörungen
- zu hohem Pulsschlag sowie der hiermit verbundenen Schlaflosigkeit (zur Beruhigung des Herzens), wenn der zu hohe Pulsschlag nicht durch »Blutverwässerung« und dadurch ausgelöste Aufschwemmung des Gewebes entstanden ist (siehe *Natrium chloratum)*
- dient zur Blutbildung sowie als Bindemittel für den organischen Aufbau des Eiweißes im Organismus
- gestörter Blutbildung und -regeneration

- Blutarmut (mit *Ferrum phos)*
- Herzklopfen und Herzschlagbeschleunigung
- Herzmuskelschwäche
- Überwachheit und Unruhe
- Erschöpfungszuständen und Schwächeanfällen
- Appetitlosigkeit
- Angst und Depressionen
- Abmagerung
- Allergien
- zu geringer Milchmenge bei stillenden Müttern
- schlechter Hautdurchblutung
- Gicht und Rheuma
- Arthrosen
- Rachitis (weiche und kalkarme Knochen)
- schlecht schließende Fontanellen
- schlechter Kallusbildung bei Knochenbrüchen
- Zahnungsbeschwerden der Kinder
- Husten, mit eiweißartigem Auswurf
- Hüsteln, meist nachts
- weißgelblicher Krustenbildung
- Nasenbluten
- Osteoporose, die Vegetarier weniger befällt als Fleischesser, da durch das Fleischessen mehr Harnsäure abgelagert wird, welche wiederum Calcium phos D 6 bindet
- Kopfgrind
- Schmerzen, die krampfartig, ziehend und lang anhaltend sind

Äußerliche Anzeichen dafür sind:
- gelblich-weiße Ohren, Nase, Nasenflügel und Stirn
- Wachspuppengesicht, elfenbeinartige Färbung und hell durchscheinend

– die käsige Färbung kann übergehen in einen milchig-bläulichen Ton im gesamten Gesicht

Zungenmerkmale:
– weißlich, durchscheinender pelziger Belag
– süßlicher Geschmack

Besserung:
– durch Wärme und Trockenheit
– durch Hinlegen und Ausruhen

Verschlimmerung:
– durch Luftzug und Kälte
– bei Witterungswechsel
– nach dem Essen
– nach Tabakrauchen oder/und Kaffee

Bachblüten ergänzend

Wir stellen zunächst wieder fest, welche der sieben Schwingungsdisharmonien gegeben ist, und suchen die entsprechende Bachblüten-Essenz.

Wenn wir aus der Gruppe »**Einsamkeit**« Nr. 18 *Impatiens* als passend herausgefunden haben *und* eines der zuvor genannten Symptome beobachten, können wir davon ausgehen, dass *Calcium phos* in denselben Schwingungsbereich gehört. Es empfiehlt sich dann, *Calcium phos D 6* einzusetzen, um synchron zur Harmonisierung der Seelenschwingung durch die Bachblüten-Essenz auf der Zellebene eine entsprechende Harmonisierung durch dieses Schüßlersalz anzuregen.

Farbtherapie ergänzend

In der Mitte des Rückens mit *Grün* bestrahlen.

(Nr. 3) Ferrum phosphoricum D12

Ferrum phos ist das Hauptmittel bei beginnenden Entzündungen und dem daraus entstehenden Blutandrang zum Kopf und leichtem Fieber. (Bei hohem Fieber tritt Gewebszerfall ein, es ist auf die Verdauung zu achten!) Siehe auch *Kalium phos.*

Ferrum phos zieht Sauerstoff an und dient somit als Sauerstoffüberträger, es ist ein zur Bluterhaltung notwendiges Mineral. Es gilt als erstes Mittel bei allen frischen Wunden, Blutungen und Verletzungen jeder Art.

Übersicht zum Symptombild

Ferrum phos D 12 dient der Blutbildung (Hämoglobin). Es ist angezeigt bei:

- fieberhaften Entzündungen aller Art
- akuten Entzündungsprozessen
- Infektanfälligkeit
- fieberhaften Erkältungskrankheiten
- Schwächezuständen in den Muskeln
- typischem Eisenmangelkopfschmerz, der keine Bewegung verträgt
- hellroten Blutungen (gallertartig rinnend)
- niedrigem Blutdruck
- Sauerstoffmangel, auch bei mangelhafter Gewebsatmung
- Müdigkeit durch Sauerstoffmangel
- Muskelermüdung, -erschlaffung
- Muskelkater
- zu spät eintretender Menstruation
- Husten, der trocken und kitzelnd ist
- Schmerzen, die pulsierend und klopfend sind an un-

gewöhnlichen Stellen, wie Fingerspitzen, Zähnen, Ohren und Beinen
- Frieren und Schüttelfrost
- Durchfällen
- Schmerzen, die sich durch Bewegung und Wärme verschlimmern
- Schmerzen, die sich durch Kälte vermindern
- Schmerzen in Zusammenhang mit Hitze, die dann klopfend, pochend und pulsierend im Gleichklang mit dem Puls sind
- Beschwerden durch Druck

Äußerliche Anzeichen dafür sind:
- Röte auf der Stirn und weitergehend eine Art »Feuerröte« im Gesicht, die die Nase ausspart, was mit erhöhter Temperatur einhergehen kann
- Hohläugigkeit, besonders an den inneren Augenwinkeln
- der »Ferrum-Schatten« ist bläulich-schwärzlich am inneren Augenwinkeln, auch halbmondförmig unter dem ganzen Auge

Zungenmerkmale:
- rötliche Zunge, besonders an den seitlichen Zungenrändern
- bei Entzündungen ist die Zunge sehr rot
- in akuten Situationen tritt oft ein trockener und weißlicher Belag im hinteren Zungenbereich auf (hier mit *Kalium chlor* zusätzlich behandeln)
- Geschmack nach faulen Eiern

Besserung:
- durch Kälte
- durch Ruhe

Verschlimmerung:
- durch Wärme
- durch Bewegung
- durch Druck
- rechte Seite bevorzugt
- morgens zwischen 4.00 und 6.00 Uhr

Bachblüten ergänzend *Ferrum phos* entspricht dem Schwingungsbereich des *Rescue Remedy,* also der Notfalltropfen bzw. -salbe.

Wenn diese spezielle Kombination von Bachblüten-Essenzen als passende Hilfe zur Harmonisierung bei Notfällen festgestellt wird *und* gleichzeitig oben aufgeführte Symptome auftreten, kann *Ferrum phos D 12* die Heilungsprozesse aktivieren.

Farbtherapie ergänzend In der Mitte des Rückens wird mit *Grün* bestrahlt.

Bei beginnender Entzündung oder wenn ein Infekt beginnt, wird mit *Rot* am Rande der Schulterblätter bestrahlt, um die Eisenbildung im Blut zu fördern.

Achtung: Nicht länger als maximal 1 Minute bestrahlen!

(Nr. 4) Kalium chloratum D6

Kalium chlor gilt als das Entgiftungsmittel und als Mittel für das zweite Entzündungsstadium. *Kalium chlor* wirkt auf die Schleimhäute regulierend. Es reguliert die Ausscheidung von Giften im Körper wie

- Narkosegifte
- Impfgifte
- Arzneigifte
- Nahrungsmittelgifte
- Atemgifte

Übersicht zum Symptombild

Kalium chlor ist angezeigt bei

- akuten Entzündungen zur Entgiftung (beginnende Entzündung siehe *Ferrum phos)*
- Rippenfellentzündung, bei weißem bis weißgrauem jedoch nicht schleimigem Zungenbelag (bei gelbem Zungenbelag siehe *Kalium sulf,* bei gelbgrünem Belag siehe *Natrium sulf*)
- Husten mit weißem oder weißgrauem, fadenziehendem Auswurf
- fadenziehendem Schleim (aus Nase oder Genitalien), der getrocknet wie mehliges Pulver aussieht
- unvermeidbaren Impfungen (nachher)
- zähem, dickem, schwärzlichem Blut
- Schmerzen, die bei Bewegung schlimmer werden
- niedrigem Blutzucker
- Kallusbildung der Knochen, zusammen mit *Calcium phos D6*
- der Aktivierung der Nebennieren
- Drüsen- und Rippenfellentzündung

- Polypenbildung
- schmerzhaften Schwellungen der Gelenke
- Sehnenscheidenentzündung
- Masern und Mumps
- Blutverdickung
- allen Schleimhauterkrankungen in Nase, Mund, Magen und Darm
- katarrhalischen Erkrankungen jeder Art
- Bleichsucht
- weißgrauen, fadenziehenden Absonderungen
- Bläschen, mit Blutwasser gefüllt
- Thromboseneigung
- Warzenbildung
- wildem Fleisch (mit *Silicea)*
- eingetrockneten Absonderungen, die mehlartig aussehen

Äußerliche Anzeichen dafür sind:
- ein »milchiges« Gesicht, wie Magermilch
- ein bläuliches Weiß, vor allem an den unteren Augenlidern, manchmal auch das gesamte Gesicht
- quarkähnliche, käsige Farbe im Gesicht möglich

Zungenmerkmale:
- milchigweiß oder weißgrau an der Zungenwurzel,
- nicht schleimig

Beschwerden:
- oft nur auftretend bei Bewegung

Besserung:
- durch Wärme

Verschlimmerung:
- bei feuchtem und kaltem Wetter
- bei Bewegung
- nach Essen von Gebackenem, fetten oder zu stark gewürzten Speisen

Bachblüten ergänzend

Kalium chlor entspricht mit seiner Schwingung acht Bachblüten-Essenzen, die aus den Gruppen »Unsicherheit«, »Überempfindlichkeit« und »Überfürsorge« stammen.

Wenn eine dieser Bachblüten-Essenzen als passend zur Harmonisierung der Seelenschwingung gewählt wird, kann *Kalium chlor D 6* die energetische Harmonisierung des Organismus wirksam fördern.

(*Kalium chlor D 6* wird oft halbstündlich, 1-2 Tabletten, bis zur Veränderung des Zustands, gegeben.)

Diese acht Bachblüten-Essenzen sind:

aus der Gruppe **»Unsicherheit«**
Nr. 12 *Gentian*
Nr. 13 *Gorse*
Nr. 28 *Scleranthus*
Nr. 36 *Wild Oat*

aus der Gruppe **»Überempfindlichkeit für Einflüsse und Ideen«**
Nr. 33 *Walnut*

aus der Gruppe **»Übertriebene Fürsorge«**
Nr. 3 *Beech*
Nr. 8 *Chicory*
Nr. 32 *Vine*

Farbtherapie ergänzend

Wenn *Gentian, Gorse, Scleranthus* oder *Wild Oat* aus der Gruppe »Unsicherheit« oder *Beech, Chicory* oder

Vine aus der Gruppe »Übertriebene Fürsorge« als passende Bachblüten-Essenzen gewählt wurden, dann wird in der Mitte des Rückens *Grün* und

unterhalb der Brust mit *Rot* bestrahlt.

Bei *Walnut* aus der Gruppe »Überempfindlichkeit« am Nacken *Blau* bestrahlen.

(Nr. 5) Kalium phosphoricum D6

Kalium phos gilt als das »große« Nervenmittel und als Nerventrost, wenn aufgrund einer Nervenschwäche schon erste Anzeichen einer traurigen Verfassung oder Depression vorliegen.

Übersicht zum Symptombild

Kalium phos ist das Hauptmittel bei hohem Fieber (etwa ab 38,5 Grad). *Dosierung* von *Kalium phos D6* hier alle 3 Minuten 1 Tablette oder alle 2 Stunden 21 Tabletten als Stoßtherapie in heißem Wasser aufgelöst. Nie mit Metall umrühren! Oft sinkt das Fieber bereits nach 20 Minuten von 41 Grad auf 38 Grad.

Kalium phos hält Gewebszerfall auf, es gilt als *das* biochemische Antiseptikum.

Kalium phos ist weiter angezeigt bei folgenden wichtigen Symptomen:

- Blutvergiftung
- fauligen Wunden
- Mundfäule
- schmierigen, grauschmutzigen, stinkenden Ausscheidungen jeder Art
- Nervenschwäche (Abstumpfung)
- Muskelschwäche und Lähmungsgefühl wie Tetanie
- Darmmuskelschwäche mit Verstopfung
- Wehenschwäche
- Herzmuskelschwäche
- Nervosität
- Neurasthenie
- Gedächtnisschwäche und vorübergehendem Denkversagen

- Schreckhaftigkeit
- Weinerlichkeit
- Heimweh
- Argwohn
- Ängstlichkeit und Zaghaftigkeit
- Platzangst
- Verstimmungen
- nervöser Schlaflosigkeit und Schläfrigkeit am Tage
- es regt den Sympathikusnerv an
- wirkt antiseptisch
- baut Stoffwechselgifte ab
- es ist für die Denk- und Nervenfunktion unentbehrlich
- hebt den Tonus
- dient der Zellregeneration
- Zahnfleischbluten
- übel riechendem Fußschweiß und Schweiß
- faulig, übelriechendem Stuhl
- so genannter Stinknase
- Schmerzanfällen mit anschließendem Schwächegefühl
- öfters Rückenschwächeschmerz
- krampfartigen Schmerzen durch Überanstrengung

Äußerliche Anzeichen dafür sind:
- aschgrauer Gesichtsausdruck um die Augen, vor allem unter den äußeren Augenwinkeln, auf der Oberlippe und dem Kinn
- deutlich erkennbarer kranker Gesichtsausdruck
- eingefallene Schläfen, wenn der *Kalium-phos-Mangel* schon längere Zeit vorliegt, besonders bei Vieldenkern
- frühe Ergrauung der Haare, besonders der Schläfen

Zungenmerkmale:
- wie mit flüssigem Senf bestrichen
- braun belegt, trocken
- übler Mundgeruch
- fauliger Geschmack

Ausscheidungen:
- stinkend und jauchig
- viel Schleim

Besserung:
- bei leichter Bewegung
- Wärme und Ruhe
- nach dem Essen
- in Gesellschaft

Verschlimmerung:
- beim Beginn einer Bewegung
- bei großer Anstrengung
- Lärm
- nachts von 2.00 bis 5.00 Uhr
- beim Gefühl von Alleinsein

Wenn eines oder mehrere der aufgeführten Symptome auftreten, ist eventuell auch mit Hilfe eines erfahrenen Behandlers und/oder Rutengängers zu prüfen, ob eine Wasserader unter der Schlafstelle und/oder dem Arbeitsplatz dafür verantwortlich ist.

Bachblüten ergänzend

Kalium phos entspricht dem Schwingungsbereich von fünf Essenzen aus vier Gruppen:

»Unsicherheit«

Nr. 13 *Gorse*

Nr. 17 *Hornbeam*

»Mangelndes Interesse an der Gegenwart«

Nr. 23 *Olive*

»Mutlosigkeit – Verzweiflung«

Nr. 22 *Oak*

»Übertriebene Fürsorge«

Nr. 8 *Chicory*

Hat man eine dieser fünf Bachblüten-Essenzen als passend gewählt *und* trifft eines der aufgeführten Symptome zu, so fördert *Kalium phos D6* die Gesundung der Ebene des Organismus, der durch die Blütenessenz auf der Ebene der Seelenschwingung angeregt wird.

Farbtherapie ergänzend

Bei *Gorse* und *Hornbeam* aus der Gruppe »Unsicherheit« und *Chicory* aus der Gruppe »Übertriebene Fürsorge« in der Mitte des Rückens mit *Grün* und unterhalb des Brustbeins mit *Rot* bestrahlen.

Bei *Olive* aus der Gruppe »Mangelndes Gegenwartsinteresse« unterhalb des Brustbeins mit *Gelb* und im Kehlkopfbereich mit *Türkis* bestrahlen.

Bei *Oak* aus der Gruppe »Mutlosigkeit« zwischen den Schulterblättern mit *Orange* bestrahlen.

(Nr. 6) Kalium sulfuricum D6

Kalium sulf ist das Salz für das dritte Entzündungsstadium und gilt als Muskelsalz und zusammen mit *Ferrum phos* als Überträger für Sauerstoff.

Ein Bedarf wird auch angezeigt, wenn Besserung des Zustands in freier, frischer Luft und Verschlimmerung der Beschwerden bei Wärme und am Abend beobachtet werden.

Kalium sulf D6 empfiehlt sich im Wiederherstellungsstadium nach Entzündungen vor allem zur Anregung der Lebertätigkeit und als Stoffwechselregulator.

Übersicht zum Symptombild

Kalium sulf wird eingesetzt bei allen gelbschleimigen Absonderungen aufgrund von Erkältungen (Schnupfen, Husten, Ausfluss)
- gelb-schleimigem Zungenbelag
- Katzenjammer
- Schwere des Kopfes und der Glieder
- Benommenheit und Unlust
- Druck und Völlegefühl im Magen
- Abschuppung der Haut nach Krankheiten (*Kalium sulf* dient auch der Neubildung der Haut)

Es ist hilfreich bei:
- chronischen Entzündungen
- Abschälung und Abschuppung der Oberhaut nach entzündlichen Erkrankungen
- wandernden Gelenkschmerzen
- Schuppenbildung auf klebrigem Grund
- Hauterkrankungen, wie Allergien, Ekzeme, Neurodermitis

- Warzen und Hautunreinheiten
- braungelben, schleimigen, dicken Absonderungen der Haut und Zunge oder Katarrhen
- eiternden Augenentzündungen
- Fließschnupfen, wenn gelblichweiß
- Nasen- und Nebenhöhlenerkrankungen
- Mittelohrerkrankungen
- Schleimrasseln in den Bronchien
- Leberleiden
- Eierstockerkrankungen
- Verdauungsbeschwerden

Äußerliche Kennzeichen dafür sind:
- braungelbe Färbung des Gesichts, oft als A-Form von der Nasenwurzel bis zum Kinn
- Sommersprossen
- unregelmäßige Pigmentierung

Zungenmerkmale:
- wenn akuter Zustand: ockerfarbener Belag

Besserung:
- in kühler Luft
- bei trockenem Wetter
- im Freien

Verschlimmerung:
- abends
- im geschlossenen und warmen Raum
- bei Wärme im Allgemeinen

Ausscheidungen:
- gelblich bis ockerfarben
- schleimig

Kalium sulf entspricht dem Schwingungsbereich von drei Bachblüten-Essenzen aus der Gruppe **»Mangelndes Interesse an der Gegenwart«**

Bachblüten ergänzend

Nr. 7 *Chestnut Bud*
Nr. 16 *Honeysuckle*
Nr. 35 *White Chestnut*

Wenn eine dieser Essenzen als passend erkannt worden ist *und* eines der zuvor aufgeführten Symptome besteht, kann *Kalium sulf D6* auf der körperlichen Ebene die Gesundungsimpulse durch die Bachblüten-Essenz auf der Seelenebene in geeigneter Weise unterstützen.

Farbtherapie ergänzend

Unterhalb des Brustbeins mit *Gelb* und im Kehlkopfbereich mit *Türkis* bestrahlen.

(Nr. 7) Magnesium phosphorium D6

Magnesium phos ist das Mittel bei Schmerzen, Krämpfen und Koliken. Es senkt den Grundumsatz und den Cholesterinspiegel; es steuert das gesamte vegetative Nervensystem mit Herz, Kreislauf, Stoffwechsel und das Drüsensystem, den Knochenaufbau; und es schützt neben *Calcium fluor* und *Calcium phos* vor Brüchen.

Übersicht zum Symptombild

Magnesium phos wird gegeben bei
- allen krampfartigen und krampfähnlichen Beschwerden und Schmerzen
- Schmerzen, die unregelmäßig sind und häufig die Stelle wechseln, aber auch periodisch, jede Nacht, auftreten
- Schmerzen, die dem Lauf der Nervenbahnen folgen
- Gallensteinkolik (hier 7-21 Tabletten in einem Glas heißer Flüssigkeit auflösen und schluckweise trinken. Nicht mit Metall rühren! In schweren Fällen bitte wiederholen bis zur Krampflösung)
- Geburtswehen (Dosierung wie bei Gallensteinkolik)
- blitzartigen, schießenden, stechenden und bohrenden Schmerzen (Dosierung siehe Gallensteinkolik)
- Abgang von Darmgasen, der keine Besserung bringt
- Darmbeschwerden aufgrund gestauter Gase
- zu geringer Peristaltik im Darm
- Blähungskoliken der Säuglinge
- Erkrankung aller Drüsen (zum Beispiel Leber, Milz, Speichel-, Lymph- und Schilddrüsen, und alle innersekretorischen Drüsen)
- Erkrankungen an Leber und Milz

- Schmerzen, die plötzlich in Intervallen bzw. mit Pausen auftreten und bei Druck und Wärme nachlassen
- Stuhlverstopfung
- dumpfem Druck in der linken Bauchgegend bei mangelnder Arbeitsfähigkeit der Milz (kann im Regelfall nur vom Heilkundigen diagnostiziert werden)
- Seitenstechen (Milzstechen) (mit *Natrium chlor)*
- innerer Unruhe
- Schlaflosigkeit aufgrund einer der oben genannten Beschwerden
- Einschlafschwierigkeiten
- Übererregbarkeit, wie Lampenfieber und Examensangst
- Reisefieber
- Unsicherheit
- Herzrhythmusstörungen
- Herzinfarkt
- Angina pectoris
- Herzjagen
- Muskelzittern
- Erkrankungen der Herzkranzgefäße
- vegetativer Dystonie
- Störungen im hormonalen Bereich
- Übelkeit während der Schwangerschaft
- Bedürfnis nach Genussmitteln wie Kaffee, Kakao, schwarzem Tee, Tabak und Alkohol oder sonstigen Drogen
- Heißhunger mit Schmerzen, wenn der Magen leer ist
- Asthmaanfällen
- Neuralgien
- gegen die Beschleunigung des Alterns; zusammen mit *Silicea*

Eine Überdosierung von Vitamin D (z. B. Vigantoletten) verursacht Magnesium-phos-Mangelzustände!

Magnesium phos sorgt außerdem für bruchsicheren, gesunden Knochenbau in der Wachstumsphase und gilt – vor allem beim heutigen Magnesiummangel in der Nahrungskette – als wichtiges Nervenmittel.

Äußerliche Anzeichen dafür sind:
- die typische Magnesiumröte in Hellrot auf beiden Wangen, teils auch beiden Seiten der Nase, des Kinns und der Stirn. Im Gegensatz zur »Ferrumröte« keine fühlbare Hauterwärmung obwohl eine innere Wärme oder Hitze empfunden wird.

Zungenmerkmale:
- kaum Belag
- die Zungenspitze ist manchmal rötlich, ebenso die Zungenränder

Besserung:
- durch Wärme
- durch Zusammenkrümmen
- durch festen Druck und Reiben auf der betreffenden Stelle

Verschlimmerung:
- durch Kälte in jeder Form
- durch zarte und leichte Berührung
- nachts

Bachblüten ergänzend

Magnesium phos entspricht dem Schwingungsbereich von zwei Bachblüten-Essenzen aus der Gruppe **»Überempfindlichkeit für Einflüsse und Ideen«**

Nr. 4 *Centaury*

Nr. 15 *Holly*

Wenn diese ausgewählt wurden *und* eines der zuvor erwähnten Symptome vorliegt, kann *Magnesium phos D6* durch seine Heilwirkung im Organismus die Heilung durch Harmonisierung der Seelenschwingung mit der entsprechenden Bachblüten-Essenz wesentlich fördern.

Farbtherapie ergänzend

Am Nacken mit *Blau* bestrahlen. Wenn die Bachblüten-Essenz *Holly* als passend ermittelt wurde, zusätzlich mit *Orange* in der Mitte der oberen Schamhaargrenze bestrahlen.

(Nr. 8) Natrium chloratum D6

Natrium chloratum (früher *Natrium muriaticum*) ist Kochsalz in homöopathischer Verdünnung. Neben *Kalium phos* ist es an der Neubildung von Zellen bzw. an der Zellteilung und der Blutbildung beteiligt.

Natrium chloratum ist für den Wasserhaushalt in der Zelle und im Gewebe zuständig und reguliert den Flüssigkeitsstoffwechsel.

Es bildet Schleimstoffe und wirkt wasseranziehend. Ohne Kochsalzaufnahme in der geeigneten Form würde der Körper austrocknen, was in einer Vorform oft zu Verstopfung führt.

Die Beschwerden treten periodisch auf.

Übersicht zum Symptombild

Es wird gegeben bei:
- Gelenkrheumatismus
- Gelenkgeräuschen (Knacken und Knarren der Gelenke)
- Kältegefühl in den Händen, Beinen und am Rücken aufgrund von Blutarmut (bitte überprüfen lassen!)
- Mangel an Magensäure (macht sich unter anderem durch brennenden Durst oder Brennen im Rachen bzw. Sodbrennen bemerkbar)
- Übermaß an Tränen- und Speichelfluss
- Erbrechen von Wasser
- Hautbläschen mit wasserhellem Inhalt
- wasserhellem, glasigem Zungenbelag (reine Zunge mit Speichelbläschen am Zungenrand)
- Geschmacks- und Geruchsverlust
- Husten mit schaumigem Auswurf

- Zahnschmerz, der über eine ganze Gesichtshälfte ausstrahlt
- Trigeminus-Schmerz
- weißen Kopfschuppen

Es ist hilfreich bei:
- der Giftausscheidung aus dem Körper
- der Bildung der Gelenkschmiere
- dem Aufbau des Knorpelgewebes
- der Schleimlösung in den Atmungsorganen
- zu salzreichem Essen
- wässrigem Fließschnupfen
- kalter Nasenspitze
- zu festem Muskelfleisch an Armen und Beinen
- offenen Beinen
- rissigen Lippen
- Brandblasen
- Haltungsfehlern aufgrund Schwäche der Rückenmuskulatur
- Abneigung gegen viel Bewegung
- Bandscheibenschäden
- Harndrang ohne nennenswerten Urinabgang
- Durchfall, wässrig und schleimig
- zu trockenen Schleimhäuten (bei Männern und Frauen)
- trockener Zunge
- Nachtschweiß (schmeckt salzig)
- brennendem Schweiß
- trockener Augenbindehaut mit Brennen
- zu starkem Speichelfluss
- Wasser- oder Schaumerbrechen
- salzigem Mundgeschmack

- schwachem Denkvermögen
- Kochsalzschäden (sind gefährlich, wenn dem Körper zusätzlich Magnesium und Vitamin B fehlen!)
- brennendem Durst durch Kochsalzmangel
- hellroten, wässrigen Blutungen
- Müdigkeit und Mattigkeit
- feuchten Händen

Äußerliche Anzeichen dafür sind:
- wässriges gedunsenes Gesicht, oft mit erweiterten Poren und erhöhtem Rand, wie Orangenschale
- schmierige Lidrandstreifen
- Gelatineglanz, feucht glänzend und unterbrochen, keine spiegelglatte Fläche, besonders am Ober- und Unterlid, vom inneren Augenwinkel ausgehend
- pralle, gespannte Wangen (»Platzbacken«), die mit dem Gelatineglanz überzogen sind

Zungenmerkmale:
- klar und glasig, teils auch schleimig
- am Zungenrand Bläschen
- trockenes Gefühl auf der Zunge
- Brennen der Zungenspitze
- Gefühl, als ob Haar auf der Zunge ist
- metallischer Geschmack
- starker Speichelfluss

Besserung:
- bei klarer und trockener Luft
- Liegen auf der rechten Seite
- Druck durch enge Kleidung
- Druck auf den Rücken

- nach kaltem Waschen, kaltem Bad oder bei Abkühlung nach vorherigem Schwitzen

Verschlimmerung:
- bei feuchtem und kühlem Wetter, Nebel
- Aufenthalt an Süßwasserseen
- bei geistiger Anstrengung
- Liegen
- nach dem Aufstehen morgens
- gegen 10.00 Uhr
- nach Wasserlassen
- nach Sonnenbad mit evtl. innerem Frösteln
- bei dumpfer Luft in feuchten Räumen

Ausscheidungen:
- hell und wässrig, glasig und salzig, hellschleimig, schaumig
- sehen in getrocknetem Zustand wie weiße Stärke aus
- manchmal scharf und ätzend
- brennend und wund machend

Bachblüten ergänzend

Natrium chlor entspricht dem Schwingungsbereich von drei Essenzen aus der Gruppe »**Mutlosigkeit – Verzweiflung**«

Nr. 10 *Crab Apple*
Nr. 11 *Elm*
Nr. 29 *Star of Bethlehem*

Wenn eine dieser drei Bachblüten-Essenzen als Hilfe zur Harmonisierung der Seelenschwingung erkannt wurde *und* eines der eben beschriebenen Symptome auftritt, kann *Natrium chlor D 6* eine wirkungsvolle Förderung des Heilungsprozesses auf der Zellebene bedeuten.

Farbtherapie ergänzend

Zwischen den Schulterblättern mit *Orange* bestrahlen.

Wenn die Bachblüten-Essenz *Crab Apple* als passend ermittelt wurde, dann zusätzlich mit *Violett* in der Mitte der oberen Schamhaargrenze und oben am Scheitelpunkt (so genanntes »Kronen-Chakra«) bestrahlen.

(Nr. 9) Natrium phosphoricum D6

Natrium phos wirkt bluterhaltend. Es regelt den Fett- und Säurehaushalt und sorgt für die Entsäuerung des Blutes!

Übersicht zum Symptombild

Natrium phos wird in der Naturheilkunde eingesetzt bei

- erhöhtem Harnsäurespiegel und Übersäuerung des Blutes (beides ist oft eine Folge von übermäßigem Zuckergenuss und/oder übertriebener Eiweißzufuhr)
- rahmartigen und honigähnlichen Ausscheidungen
- zur Verhütung von Eiterbildung (zum Beispiel bei Verletzungen, unreiner Haut, eitrigen Entzündungen im Körper)
- allgemeinen Eiterungen und schlecht heilenden Wunden
- unreiner Haut, Mitesser, Eiterpickeln
- Furunkulose, Abszessen
- saurem Aufstoßen bzw. »Sodbrennen« durch Übersäuerung (nicht zu verwechseln mit dem »brennenden Sodbrennen« bei *Natrium chloratum*)
- saurem Erbrechen mit käsiger Beschaffenheit
- Durchfällen, die wie »gehackt« aussehen mit gelbgrüner Farbe
- Blasen-, Gallen- und Nierensteinen
- rheumatischen Beschwerden, die oft periodisch auftreten und dumpf und quälend sein können
- zu hohem Fettspiegel
- Herzverfettung
- Entartung der Blutgefäße

- Milchschorf
- Skrofulose
- Stirn- und Kieferhöhlenvereiterungen
- stark fettendem Haar
- fettigen Ausschwitzungen
- sauer riechendem Schweiß
- sauerem Körpergeruch
- Arterienverkalkung
- großem Verlangen nach Süßigkeiten
- Fettleibigkeit und Fettsucht
- für die Ausscheidung der Stoffwechsel-Endprodukte
- für die Fettverbrennung

Äußerliche Anzeichen dafür sind:
- speckiger stumpfer Fettglanz im Gesicht, besonders Nase, Stirn und Kinn
- Mitesser
- großporige Haut um Nase und Kinn
- löchrige, narbige und unebene Haut deutet auf jahrelangen Mangel
- Hängebacken mit Doppelkinn und lockerem Fettgewebe, die fettig glänzen
- gerötetes Mittelgesicht, vor allem gerötete Nasenflügel

Zungenmerkmale:
- an der Zungenwurzel dicker gelber Belag
- bitterer und saurer Geschmack

Besserung:
- bei Vermeidung oder Reduzierung von Zucker und tierischem Eiweiß
- tagsüber

Verschlimmerung:
- durch Süßigkeiten
- bei körperlicher Anstrengung und Bewegung
- bei kaltem und feuchtem Wetter
- fettem und schwerem Essen

Bachblüten ergänzend

Natrium phos entspricht dem Schwingungsbereich von zwei Bachblüten-Essenzen aus der Gruppe **»Mangelndes Interesse an der Gegenwart«**

Nr. 21 *Mustard*

Nr. 37 *Wild Rose*

Wird eine dieser beiden Essenzen als passend festgestellt *und* beobachtet man eines der zuvor aufgeführten Symptome, so kann *Natrium phos D 6* auf der Ebene des Körpers Gesundungsprozesse stimulieren, welche durch die entsprechende Bachblüten-Essenz die Schwingung der Seele harmonisieren.

Farbtherapie ergänzend

Gelb unterhalb des Brustbeins und *Türkis* im Kehlkopfbereich bestrahlen.

(Nr. 10) Natrium sulfuricum D6

Natrium sulf hilft, überschüssige Abfallstoffe der Zellen auszuscheiden, und ist somit an den Aufgaben der Leber beteiligt. Es wirkt auf die Galleflüssigkeit, auf den Dickdarm und auf die Leber. Es reguliert die Schlackenstoffausscheidung und den Zuckerstoffwechsel. Alle Beschwerden sind bei feuchter Hitze und stickiger Luft schlimmer (»Treibhausklima«). Allgemein ist Feuchtigkeit nicht verträglich. Die Beschwerden können plötzlich und heftig und anfallsweise auftreten, auch periodisch

Übersicht zum Symptombild

Natrium sulf wird verwendet bei:

- Gallenerbrechen
- galligen Durchfällen
- auch bei mangelndem Gallefluss in den Dickdarm und daraus folgenden Verdauungsstörungen und Verstopfung mit schneidenden Leibschmerzen
- Gelbsucht (durch die Galle im Blut)
- Leber- und Galleleiden
- Windstauungen im Darm
- zu schwachem Stoffwechsel oder Stoffwechselstörungen
- Schwere und Mattigkeit in den Waden
- Benommenheit im Kopf
- Schmerzen in den Augen beim Kopfbeugen nach vorne
- Mattigkeit und Zerschlagenheitsgefühl
- Husten mit schwerlöslichem, grünlichem Auswurf
- Wasseransammlungen (Ödemen)

- Herzwassersucht
- Bauchwassersucht
- Bettnässen
- Hautjucken
- Frostschäden an Fingern, Nase, Ohren und Zehen
- Durchblutungsstörungen
- zu viel Milch bei stillenden Müttern
- bitterem Geschmack im Mund
- bitter schmeckendem Schweiß
- Schweiß, der die Wäsche grün färbt
- Absonderungen und Auswurf sind grünlich, grüngelb und wässrig
- Akne, die blaurot entzündet ist, meist unter der Haut
- Diabetes
- Vermehrung der weißen Blutkörperchen (Leukozytose)

Äußerliche Anzeichen dafür sind:
- im Gesicht gelbgrünliche Färbung
- bei kleinen Kindern oft an der Nasenwurzel gelblichgrün
- »Schnapsnase« in rötlich entzündlicher Färbung, die bis zum Bläulichen übergehen kann, wie beim Hof eines Furunkels, kann bis zu den Wangen und Ohren wandern

Zungenmerkmale:
- gelbgrünlich bis grau, aber auch grünlich bis bräunlich
- gallig bitterer Geschmack, schwefelig oder seifig
- brennt oft wie Pfeffer

Besserung:
- bei trockenem und warmem Wetter
- oft durch einfache Änderung der Körperhaltung
- bei Druck auf die Schmerzstelle

Verschlimmerung:
- bei jedem feuchten und nebligen Wetter
- in feuchten Landschaften
- bei »Treibhausklima«, wie in der Sauna
- am frühen Morgen
- Liegen auf der linken Seite
- beim Aufstehen oder Hinsetzen
- Musik macht oft melancholisch

Bachblüten ergänzend

Natrium sulf entspricht dem Schwingungsbereich von zwei Essenzen aus der Gruppe **»Angst«**

Nr. 2 *Aspen*
Nr. 20 *Mimulus*

und drei Essenzen aus der Gruppe: **»Mutlosigkeit – Verzweiflung«**

Nr. 11 *Elm*
Nr. 19 *Larch*
Nr. 24 *Pine*

Nach der Auswahl der Bachblüten-Essenzen stellen wir also wiederum fest, ob darunter eine der fünf aufgeführten ist, *und* prüfen, ob eines der oben genannten Symptome vorliegt. Wenn dies der Fall ist, wird das Schüßlersalz *Natrium sulf D6* auf der Ebene des Organismus die passende Ergänzung zur Harmonisierung der Seelenschwingung durch die jeweilige Essenz darstellen.

Farbtherapie ergänzend

Wenn der Patient die Bachblüten-Essenzen *Aspen* oder *Mimulus* aus der Gruppe »Angst« braucht, wird mit *Gelb* am Ende des Brustbeins (KG 15) bestrahlt.

Wenn der Patient *Elm, Larch* oder *Pine* aus der Gruppe »Mutlosigkeit ...« braucht, wird zwischen den Schulterblättern mit *Orange* bestrahlt.

(Nr. 11) Silicea D12

Silicea, auch Kieselerde oder Kieselsäure genannt, gibt dem Bindegewebe Festigkeit, Elastizität, Widerstandskraft und Lebensfähigkeit.

Ein Mangel an *Silicea* führt zu vorzeitigem Altern.

Silicea bindet Harnsäureablagerungen und führt sie über die Lymphe ab. Es reguliert die Nervenfunktion und deren Leitfähigkeit. Es bildet Bindegewebe und wirkt gewebsfestigend.

Außerdem dient *Silicea* auch zur Vorbeugung vor Arterienverkalkung und hilft Eiter auszuscheiden.

Übersicht zum Symptombild

In der Naturheilpraxis gibt man *Silicea* bei:

- gereizten, überempfindlichen Nerven
- Schreckhaftigkeit
- Geräuschempfindlichkeit
- Zerstreutheit
- Haarausfall (bei Kopfschuppen siehe *Natrium chlor)*
- langsamem Haarwuchs
- Haarspaltung und sprödem Haar (mit *Calcium fluor)*
- schmerzendem Haarboden
- Kahlköpfigkeit
- Kopfschmerzen über den Augen und Schläfen
- Härtegefühl um den Kopf herum
- Neigung zu Blutergüssen, zum Absorbieren von Blutergüssen
- rheumatischen Beschwerden (*Silicea* bindet Harnsäure)
- Ischias
- Bindegewebsschwäche

- Bänderschwäche (zusammen mit *Calium fluor)*
- Abmagerung des Bindegewebes
- Hand- und Fußschweiß durch schlechte Säfteausscheidung
- Schweißregulierung
- unruhigem Schlaf und Schlaf ohne Erholung
- Unruhe der Arme und Beine beim Einschlafen
- kann erst gegen Mittag geistig richtig denken
- unwillkürlichem Zucken der Arme und Beine im Halbschlaf
- Kreuz-, Hüft- und Ischiasschmerzen
- Verstopfung aufgrund vorübergehender Einschränkung der Darmtätigkeit
- Unterernährung
- schlechter allgemeiner Körperverfassung
- Abgeschlafftheit morgens
- Gefäßerweiterungen
- Bedürfnis nach Bewegung
- Harnsäuremangel infolge von zu starkem *Natrium-phos*-Mangel
- schlaffer, dünner, trockener, spröder und unreiner Haut
- langwieriger und schlechter Wundheilung
- Härtegefühl beim Liegen im Bett
- Lichtempfindlichkeit
- Zucken der Augenlider
- Sehschwäche infolge mangelnder Anpassungsfähigkeit der Augenmuskeln
- Funken- und Punktesehen
- Kälteempfinden im Kopf und in der Herzgegend
- Berührungsschmerz
- zur Schmerzlinderung

- vorzeitigem Altern
- vorzeitigen Falten
- vorzeitigem Grauwerden der Haare
- Karzinomgefahr
- eiternden Entzündungen und Geschwüren
- Aftereinrissen und Fisteln
- gesteigertem Verlangen nach Süßigkeiten

Äußerliche Anzeichen dafür sind:
- tiefe Augenhöhlen
- Krähenfüße, vorzeitige Faltenbildung
- Hauterschlaffung
- frühe Alterserscheinungen
- spiegeliger Glanz an der Nasenspitze, an Nasenrücken und Stirn und später im ganzen Gesicht, wobei die Poren geschlossen sind
- Grube zwischen Augenlid und unterer Stirn, ersichtlich, wenn die Augen nach oben gerichtet sind

Zungenmerkmale:
- Gefühl eines Haares an der Zungenspitze und Zunge
- blutiger Geschmack, meistens morgens
- fettiger Geschmack
- bräunlicher Schleim

Besserung:
- Ruhe
- Wärme und warmes Einhüllen
- trockenes Wetter

Verschlimmerung:
- Kälte, Nässe und Wetterwechsel
- Bewegung
- in frischer und freier Luft
- beim Abnehmen und Entgiften
- während der Menstruation
- bei Neu- und Vollmond
- nachts

Bachblüten ergänzend

Silicea gehört zum Schwingungsbereich von zwei Essenzen aus der Gruppe **»Unsicherheit«**

Nr. 17 *Hornbeam*

Nr. 36 *Wild Oat*

Ist eine dieser Bachblüten-Essenzen als zutreffend erkannt worden *und* liegt gleichzeitig eines der erwähnten Symptome vor, so wirkt *Silicea D 12* auf der Zellebene als wesentliche Unterstützung für die Harmonisierung der Seelenschwingung durch die entsprechende Essenz.

Farbtherapie ergänzend

In der Mitte des Rückens mit *Grün* und unterhalb des Brustbeins mit *Rot* bestrahlen

(Nr. 12) Calcium sulfuricum D6

Calcium sulf gilt als *das* Mittel bei allen eitrigen Prozessen. Es fördert die Blutgerinnung, regt den Stoffwechsel an und steigert die Abwehr.

Es kommt in Leber und Galle vor. Es wirkt energieanfachend und führt zur Entgiftung, Ausscheidung und Ausleitung. Es gilt für das geschwächte Abwehrsystem als Entgiftungsmittel.

Die chronischen eitrigen Entzündungen schwächen das Immunsystem bzw. sind Folgen eines geschwächten Immunsystems und deuten immer auf stark nachlassende Kräfte hin. Hier muss immer nach dem Herd (Focus) gesucht werden, eine unbemerkt eiternde Zahnwurzel etwa oder eine geopathische Belastung.

Übersicht zum Symptombild

Calcium sulf wird gegeben bei:

- allen chronischen und zugleich eitrigen Entzündungen
- wiederkehrenden Mandelentzündungen und Bronchitiden
- Schnupfen mit gelbgrünem, blutig-eitrigem Ausfluss und Krusten
- Binde- und Hornhautentzündungen
- Mittelohrentzündung
- Harnwegsentzündung
- Schwindelgefühlen am Abend (aufgrund chronischer, eitriger Entzündung)
- allen Aggressionsgefühlen gegen alles Mögliche und gegenüber Andersdenkenden
- chronischen Durchfällen

- Verlangen nach Stimulanzien
- Fußsohlenbrennen
- allgemeinem Gefühl von Brennen

Äußerliche Anzeichen dafür sind:
- wächsernes, gelblich-graues Gesicht
- Alterspigmente

Zungenmerkmale:
- Zungenwurzel mit lehmfarbenem Belag
- schmerzhafte Geschwüre, meist am Zungenrand
- Wundheitsgefühl
- bitterer, saurer oder seifiger Geschmack

Besserung:
- Wärme und Trockenheit
- Essen von Früchten

Verschlimmerung:
- Wetterwechsel
- am und im Wasser

Bachblüten ergänzend

Calcium sulf entspricht der Schwingung von fünf Bachblüten-Essenzen aus zwei Gruppen: Aus der Gruppe »**Angst**«
Nr. 6 *Cherry Plum*
Nr. 25 *Red Chestnut*
und aus der Gruppe »**Unsicherheit**«
Nr. 12 *Gentian*
Nr. 17 *Hornbeam*
Nr. 36 *Wild Oat*
Nachdem wir wiederum ermittelt haben, welche der

Bachblüten die geeigneten sind, stellen wir fest, ob sich darunter eine der fünf oben genannten befindet. Wenn dies zutrifft, wird *Calcium sulf D 6* ein geeignetes Ergänzungsmittel des Heilungsprozesses auf der Zellebene sein.

Farbtherapie ergänzend

Wenn der Patient eher unsicher wirkt *und* man die Bachblüten-Essenzen *Gentian, Hornbeam* oder *Wild Oat* ausgewählt hat, wird in der Mitte des Rückens mit *Grün* und in der Mitte des rechten Rippenbogenrandes mit *Rot* bestrahlt.

4. Kapitel

Naturheilmittel als Erste Hilfe

Was grundsätzlich zu beachten ist

Richtig angewandte Naturheilkunde wirkt selbstverständlich auch in Notfällen und als Erste Hilfe. *In allen ernsten Notfällen gilt allerdings stets, so rasch als möglich den Notarzt herbeizurufen.* Denn der Laie ist Notfällen, oft auch aus psychischen Gründen, nicht immer gewachsen. Und der Heilkundige, insbesondere der Notarzt, ist geschult, in solchen Situationen zu helfen.

Uns geht es immer um die ganzheitliche Behandlung, weil wir uns Menschen und die Welt, in der wir leben, ebenfalls als eine Ganzheit verstehen. Deshalb sollte es nie eine Konkurrenz zwischen Schulmedizin und Naturheilkunde geben, sondern immer eine sinnvolle Ergänzung zwischen beiden – und übrigens auch kein Ausschließlichkeitsdogma von einer Naturheilmethode gegenüber einer anderen!

Ganzheitliche Hilfe in Notfällen

Bei Notfällen sind die folgenden Hinweise als Erste-Hilfe-Maßnahmen zu verstehen, bis professionelle Hilfe eintrifft. Sie können im Urlaub nützlich sein, wenn man sich weitab vom nächsten Arzt befindet, auf Abenteuerreisen etwa, oder wenn es aus anderen Gründen längere Zeit dauert, bis der Notarzt kommen kann.

Der Vorteil der Naturheilkunde besteht ja gerade darin, dass – bei richtiger Dosierung – nichts falsch gemacht werden kann. So werden naturheilkundliche

Erste-Hilfe-Maßnahmen in Notfällen der weiteren medizinischen Behandlung nicht entgegenstehen; sie können aber den Weg zur Heilung bahnen – und, wenn sonst keine Hilfe herbeizuholen ist, die einzige Behandlungschance bedeuten.

Uns geht es in diesem Kapitel in erster Linie darum, Tipps zu geben für die fast alltäglichen *kleineren Gesundheitsprobleme*, bei denen wir Erste Hilfe leisten müssen.

Sie finden auf den nächsten Seiten eine Übersicht zur Anwendung einiger besonders geeigneter Bachblüten-Essenzen in Kombination mit homöopathischen Mitteln, zum Teil auch mit Farbtherapie und Schüßlersalzen, als Erste-Hilfe-Maßnahmen in einer Reihe wichtiger Situationen.

Ausführlichere Darstellungen sind nachzulesen in den Büchern von Ravi und Carola Roy (siehe Literaturverzeichnis).

Ruhe bewahren

Ein wichtiger Teil jeder Ersten Hilfe besteht darin, dass Sie Ruhe bewahren und zunächst zu erkennen versuchen, was das Wichtigste ist – Wundversorgung, Schockbehandlung, Beruhigung, Tröstung usw. –, und gegebenenfalls medizinische Hilfe herbeirufen.

Wichtige Situationen des Alltags, in denen Erste Hilfe benötigt wird, sind:

- Verwundungen, Schnitt- und Stichverletzungen, offene Wunden
- Blutungen
- Verrenkungen, Verstauchungen, Zerrungen
- Quetschungen, Prellungen
- Knochenbrüche

- Verbrennungen, Verbrühungen, elektrische Schläge
- Erfrierungen
- Insektenstiche
- Tierbisse
- Sonnenstich, Hitzschlag, Sonnenbrand
- Schreck, Schock
- Vergewaltigung
- Ohnmacht
- Kollaps
- Asthmaanfälle

Vergiftungen

Auf Vergiftungen gehen wir hier nicht ein. Die Ursachen für Vergiftungen können zu verschiedenartig sein, die Giftstoffe nicht genügend bekannt und die Therapien zu komplex. Eine Reihe weiterer Notfälle können an dieser Stelle ebenfalls nicht behandelt werden, zum Beispiel Herzanfälle, Schlaganfall. *Rescue Remedy* empfiehlt sich immer, stellt aber keine Behandlung dar, sondern eine – notwendige – seelische Stütze.

Wichtig: Lieber den Notarzt einmal zu viel als einmal zu wenig rufen!

Notfallhomöopathie, unterstützt durch Bachblüten, Farbtherapie und Schüßlersalze

Verwundungen, Schnitt- und Stichverletzungen, offene Wunden

Zuerst wird festgestellt, ob die Wunde blutet und ob man sie säubern muss.

Es ist gut, wenn kleinere Wunden anfangs bluten, um äußerlich bedingte Verunreinigungen, Blutvergiftung oder Wundstarrkrampf auszuschließen (starke Blutungen siehe nächster Abschnitt). Bei kleineren Wunden empfiehlt sich durchaus, durch leichten Druck oder Massage um die Wunde herum die Blutung zunächst anzuregen, um die Selbstreinigung zu fördern.

Verschmutzte Wunden sollte man vorsichtig mit lauwarmem *Ringelblumenwasser (Calendula)* reinigen. (Nie Arnika auf offene Wunden!) Auf eine 1 Tasse Wasser gibt man 7 Tropfen Calendula-Essenz.

Bei kleineren Wunden nie Pflaster oder Verband benützen – Licht, Luft und Sonne heilen das Gewebe am besten und am schnellsten.

Die folgenden Angaben für die Anwendung von Bachblüten-Essenzen und Farbtherapie gelten für die in diesem Abschnitt aufgeführten Wunden und Verletzungen.

Bachblüten-Essenz

Rescue Remedy (Notfalltropfen) kann sowohl innerlich wie äußerlich angewendet werden. Ca. 4 Tropfen der verdünnten Essenz stündlich auf die Zunge geben, bis die Beschwerden nachlassen. Wenn nur die Vorratsflasche mit der unverdünnten Essenz zur Verfügung steht, 1 bis 2 Tropfen auf die Zunge oder 4 Tropfen in ein kleines Glas Wasser geben und schluckweise trinken. Äußerlich können ca. 4 verdünnte Notfalltropfen auf die Wunde gegeben werden.
Crab Apple zusätzlich, ca. 4 Tropfen, einnehmen, wenn man das Gefühl hat, dass eine innere und/oder äußere Reinigung (auch zum Beispiel bei eitrigen Wunden) notwendig ist.

Farbtherapie

Grün auf die Wunde strahlen, ca. 3 bis 4 Minuten, fördert die Heilung durch Anregung des Gewebewachstums.
Blau nimmt man bei allen eiternden Wunden (für solche Zwecke gibt es handliche Farbtherapielampen mit und ohne Pyramidenfokus, siehe Anhang).

Homöopathie

Anmerkung zur Dosierung: Wenn keine besondere weitere Angabe gemacht wird, erfolgt die *äußerliche* Behandlung bis zur sichtbaren Besserung, die *innerliche* Behandlung einmalig.

Bei *allen Wunden* und *Verletzungen*:
Arnika C30 in Tablettenform oder als Tropfen, innerlich, stündlich, 2 bis 3 Tabletten bzw. Tropfen, bis sich

die Beschwerden spürbar bessern; oder **Arnika C200**, also eine so genannte Hochpotenz, als Kügelchen (Globuli), innerlich, eine *einmalige* Gabe von 2 Globuli.

Bei *Schnittverletzungen* zusätzlich:
Staphisagria C30 innerlich, stündlich bis notfalls viertelstündlich, 2 Globuli, bis sich die Beschwerden spürbar bessern.

Bei *Stichwunden,* auch bei Splitterverletzungen, zusätzlich: **Ledum-Tinktur** für Umschläge, also äußerlich, 7 Tropfen auf 1 Tasse Wasser; und **Ledum C200** innerlich, eine einmalige Gabe von 2 Globuli bei kleinen Stichen, bei größeren Stichwunden 2 Globuli alle 4 Stunden.

Wenn bei *Stichwunden* auch *Nerven* verletzt wurden, lindert **Hypericum C200** innerlich, einmalige Gabe, 2 Globuli.

Bei *Splitter-, Dornen- oder Stachelverletzungen,* wenn sich die Fremdkörper nicht mit der Pinzette entfernen lassen: Klebestreifen oder Leukoplast über den Fremdkörper kleben und abziehen; wenn sich der Fremdkörper weder dadurch noch durch ein warmes Seifenbad lösen lässt, **Silicea-Salbe D6** oder **D12** oder **Hypericum-Öl** (Johanniskraut-Öl) äußerlich auftragen.

Bei *allen eiternden* Wunden zusätzlich:
Hepar Sulfuris C200 innerlich, 3 Globuli, zwei- bis dreimal innerhalb von 24 Stunden.

Zusätzlich **Mineralsalz Calcium sulf D6**, Nr. 12, dreimal täglich 4 Tabletten lutschen.

Schüßlersalz

Wenn die Wunde eitert, nachdem der Fremdkörper herausgeholt wurde, oder der Eiterungsprozess selbst den Fremdkörper herausbefördert hat, zusätzlich: **Silicea C200** innerlich, 3 Globuli, zwei- bis dreimal innerhalb von 24 Stunden.

Blutungen

Hier geht es um Blutungen aus harmlosen Wunden (zum Beispiel Schürfwunden), offenen Risswunden und Schnittwunden, Blutungen nach Zahnextraktionen, Nasenbluten und um Blutungen, die mit besonderen Umständen bzw. körperlichen Symptomen einhergehen, wie körperliche Schwäche nach länger anhaltenden Blutungen und Blutverlust (zum Beispiel auch Menstruation).

Grundsätzlich sind Blutungen bei Verletzungen nicht etwa negativ, sondern nützlich und wichtig. Denn dadurch wird die Wunde auf natürliche Weise gereinigt.

Achtung: Wenn die Blutung extrem stark ist, nicht aufhört usw., muss auf alle Fälle der Notarzt gerufen werden. (Wenn hellrotes Blut stoßweise herausspritzt, ist eine Arterie verletzt. Man muss unbedingt ärztliche Hilfe herbeiholen oder sofort ins Krankenhaus fahren, eventuell oberhalb der Wunde abbinden oder abdrücken. Der homöopathisch ausgebildete Heilkundige wird in diesem Fall, falls auch noch Übelkeit, Lufthunger und kalter Schweiß auftreten, *zur Überbrückung* **Ipecacuanha C200** geben.)

Empfehlungen für Naturheilmittel als Erste Hilfe bei inneren Blutungen, Blutungen bei Knochenbrüchen oder Verdacht darauf und nicht näher bestimmbaren Blutungen (zum Beispiel nach Unfällen) können wir an dieser Stelle nicht geben. Solche Verletzungen müssen unbedingt sofort von kompetenten, medizinisch ausgebildeten Fachleuten versorgt und behandelt werden. (Man erkennt innere Blutungen daran, dass der Blutdruck abfällt, der Puls schnell, dünn und unregelmäßig wird und so schwach, dass er kaum zu fühlen ist. Andere Anzeichen sind Unruhe, Durst, Schwindel, Ohnmachtsgefühl, kalte, feuchte Haut, erweiterte Pupillen, große Angst und oberflächliche, unregelmäßige Atmung. Nur bei inneren Blutungen nach Kopfverletzungen ist der Puls langsam und schwach.)

Bachblüten-Essenz

Bei allen Blutungen (wie ja in allen Notfällen allgemein):

Rescue Remedy (Notfalltropfen) nur innerlich, alle 10 Minuten 4 Tropfen der Verdünnung auf die Zunge geben, bis die Blutungen nachlassen bzw. aufhören.

Achtung: Die Notfalltropfen sind in diesem Fall keineswegs als direkte Maßnahme zur Blutstillung anzusehen, sondern als zusätzliche Hilfe, um den Patienten auf eine positivere Seelenschwingung einzustellen, damit auch seelische Heilungskräfte aktiviert werden.

Homöopathie

Das blutstillende Mittel schlechthin ist **Arnika**, *nur innerlich* einzunehmen, nie äußerlich anzuwenden.

Für alle Blutungen:

Arnika C200 innerlich, bei schweren Verletzungen 2 Globuli alle 15 bis 30 Minuten, bis die Blutung nachlässt; sonst 2 bis 3 Globuli ein- bis dreimal während 24 Stunden. (Arnika fördert die Wundheilung, beschleunigt die Blutstillung, und außerdem wird eine etwaige Narbenbildung gemindert.)

Bei Blutungen nach *Zahnextraktionen*, wenn geschnitten wurde, aber auch bei *Kieferoperationen*:

Arnika C30 und **Staphisagria C30** in Tropfenform gemischt, innerlich, 5 bis 7 Tropfen, alle 15 bis 30 Minuten, am ersten Tag; ab dem zweiten Tag dreimal täglich 10 Tropfen, wenn es noch nachblutet.

Farbtherapie Außerdem hat sich als Farbtherapie **Grün**-Bestrahlung von außen auf die betroffene Stelle zur Förderung der Wundheilung bewährt.

Bei *Nasenbluten*, das sich »von allein« ergibt und nicht durch mechanische Verletzungen bewirkt wurde, handelt es sich um Blutstauungen im Körper, die dringend fachkundig behandelt werden sollten. Grundsätzlich sollte man die Nase zunächst einmal bluten lassen – wenn das Nasenbluten zu lange anhält, kommt zur Abstillung in Frage:

Hamamelis C200 innerlich, bei *langsamem, lang andauerndem, dunklem* Nasenbluten ohne Gerinnung, 2 bis 3 Globuli, alle 15 bis 30 Minuten, bis die Blutung schwächer wird oder aufhört.

Schüßler-salz **Ferrum phos C200** innerlich bei *starkem, hellrotem Nasenbluten*, Dosierung wie oben.

Bei *Blutungen*, die auf einen *Sturz aus größerer Höhe* zurückgehen, wenn dies zu *hellroten, leichtflüssigen Blutungen* führt (egal, ob äußerlich oder innerlich, also auch bei Verdacht auf innere Blutungen, eventuell zu erkennen an hellrotem Blutspucken oder Bluthusten), immer **Millefolium C200** innerlich, 2 bis 3 Globuli, je nach Schwere der Verletzung, alle 15 bis 30 Minuten bzw. dreimal innerhalb von 24 Stunden.

In der klassischen Homöopathie gibt man *zuerst Arnika* innerlich (Allgemeinmittel bei Blutungen und Verletzungen, siehe oben), dann erst Millefolium.

Zusätzlich, wenn man beim *Sturz auf den Rücken* gefallen ist und deshalb Schmerzen hat, **Hypericum C 200** innerlich, 2 bis 3 Globuli, zwei- bis dreimal innerhalb von 24 Stunden.

Bei *körperlicher Schwäche aufgrund von länger anhaltendem Blutverlust* (wie zum Beispiel in einigen Fällen bei der Menstruation):

- wenn der Blutverlust langsam erfolgt ist, auch wenn der Patient bereits ohnmächtig geworden ist: **China C 200** innerlich, 2 bis 3 Globuli, ein- bis dreimal innerhalb von 24 Stunden, bis man sich wieder stärker fühlt;
- wenn der Blutverlust sehr schnell erfolgt ist und der Patient deshalb blass und total entkräftet ist: **Trillium C 200** innerlich, Dosierung wie *China C 200*.

Verrenkungen, Verstauchungen, Zerrungen

Als Hausmittel haben sich feuchte *Umschläge mit Ringelblumenwasser (Calendula)* bewährt, kalt oder warm nach Verlangen des Patienten, um Schmerzen und Schwellung zu lindern.

Dazu *Calendula-Essenz* (aus der Apotheke) mit Wasser verdünnen, ca. 1 Teelöffel Essenz auf 1 Tasse Wasser.

Bachblüten-Essenz

Von den Bachblüten-Essenzen empfiehlt sich wie immer innerlich **Rescue Remedy**; bei Verrenkungen, Verstauchungen und Zerrungen auch **Rescue-Remedy-Salbe** (Notfallsalbe), 4 Tropfen der Verdünnung direkt einnehmen oder in Wasser bzw. zwei- bis dreimal täglich mit der Salbe leicht einreiben, bis Besserung eintritt.

Farbtherapie

Zur Unterstützung durch Farbtherapie bestrahlt man die betroffene Partie (ohne Pyramidenfokus!) mit **Grün**, möglichst 20 Minuten lang, dreimal am Tag oder öfter.

Schüßlersalz

Von den *Schüßlerschen Lebenssalzen* nimmt man **Calcium fluor D 12** innerlich, 3 Tabletten stündlich lutschen, bis zur spürbaren Besserung.

Homöopathie

Bei allen Verrenkungen, Verstauchungen und Zerrungen: **Arnika C 200** innerlich, 2 bis 3 Globuli, täglich einmal bis zur Besserung.

Wenn das Gelenk bzw. die betroffene Körperpartie heiß wird, anschwillt und schmerzt und/oder bei der ersten Berührung das Gefühl von »Knirschen« zu spüren ist und Bewegung den Zustand bessert, dann gibt man zusätzlich **Rhus toxicodendron C 200** innerlich, 2 Globuli, alle 2 Stunden bis zur Besserung.

Wenn das Gelenk anschwillt und bei der kleinsten Bewegung schmerzt, zusätzlich **Bryonia C200** innerlich, 2 Globuli, dreimal innerhalb von 24 Stunden.

Wenn die Schwellung nicht im Vordergrund steht, sondern der Verletzte sich hinlegen möchte, der Zustand dadurch aber verschlechtert wird und Bewegung auch keine Besserung bringt, zusätzlich **Ruta C200** innerlich, 2 Globuli, dreimal innerhalb von 24 Stunden.

Wenn die Schwellung stark und das Gelenk kalt und taub ist und ein kalter Umschlag bessert, dann zusätzlich **Ledum C200** innerlich, 2 Globuli, dreimal innerhalb von 24 Stunden.

Wenn die Schwellung nicht zurückgeht und sich um das Gelenk Wasser anzusammeln scheint bzw. auch bei einer Schleimbeutelentzündung, nimmt man **Apis C200** innerlich, 2 Globuli, ein- bis dreimal innerhalb von 24 Stunden oder je einmal 3 Tage lang.

Quetschungen

Quetschungen sind Verletzungen, die weiches Gewebe (nicht die Knochen) unter der Haut zerstören, ohne zu einer offenen Wunde zu führen.

Bachblüten-Essenz

Wie bei allen anderen Erste-Hilfe-Maßnahmen verwendet man wieder Notfalltropfen und Notfallsalbe (**Rescue Remedy**); Dosierung siehe Abschnitt »Verwundungen usw.«.

Farbtherapie

Als Farbtherapie wirken **Blau**, eventuell auch **Grün**, Partiebestrahlung ohne Pyramidenfokus, Dauer 20 Minuten mehrmals täglich, bis zur spürbaren Linderung der Beschwerden.

Homöopathie

Das Hauptmittel ist wieder **Arnika C200** innerlich, 2 Globuli, je nach Stärke der Schmerzen einmal bis mehrere Male innerhalb von 24 Stunden.

Bei Quetschungen von Fingern, Zehen, Wirbelsäule, Steißbein, Handflächen, Fußsohlen oder »blauem Auge« (zum Beispiel durch Hammerschlag, Ausrutschen, Einklemmen in Türen, Schläge, »Fehltritte« beim Tanz usw.) zusätzlich **Hypericum C200** innerlich, 2 Globuli, je nach Stärke der Schmerzen einmal bis mehrere Male innerhalb von 24 Stunden.

Bei Quetschungen im Genitalbereich, zum Beispiel nach Vergewaltigung, Fahrrad- und Sportunfall oder Ähnlichem, zusätzlich bei Frauen und Mädchen **Staphisagria C200** innerlich, 2 Globuli, alle 15 Minuten oder einmal alle 4 Stunden je nach Intensität der Verletzung und Beschwerden; bei Männern und Jungen **Argentum metallicum C200** innerlich, 2 Globuli, anfangs alle 15 Minuten, bei Besserung der Beschwerden alle 4 Stunden; bei beiden Geschlechtern, falls die Genitalquetschung auch blutet, gibt man vor Staphisagria bzw. Argentum *zuerst* **Phosphor C 200** innerlich, 2 Globuli, alle 15 Minuten, bis die Wundblutung nachgelassen hat.

In allen genannten Fällen ist ein Heilkundiger aufzusuchen.

Knochenbrüche

Wenn ein Knochenbruch oder auch nur der Verdacht auf Knochenbruch vorliegt, wird selbstverständlich ein Arzt aufgesucht oder der Notarzt herbeigerufen.

Anleitungen zur vernünftigen Versorgung, bis der Arzt behandeln kann, werden in Erste-Hilfe-Kursen vermittelt und sind in entsprechenden Büchern und Broschüren nachzulesen.

Bekanntlich gehört die vorsichtige Ruhestellung, damit jede Bewegung vermieden wird, zu den wichtigsten Maßnahmen, wie eventuell umsichtiges Schienen und Kühlung der schmerzenden Körperpartie, zum Beispiel mit Eis.

Die Mittel aus der Naturheilkunde ersetzen ärztliche Maßnahmen oder chirurgische Eingriffe nicht. Sie können aber als Erste-Hilfe-Maßnahme eine günstige Wirkung auf den Gemütszustand des betroffenen Menschen und damit auf seine Selbstheilungskräfte ausüben.

Bachblüten-Essenz

Die richtige Schwingung heilt! Das gilt auch hier für das **Rescue Remedy**, das vor allem hilft, den Schock durch das Geschehen aufzulösen. Nur Notfalltropfen innerlich, jeweils 4 Tropfen der Verdünnung auf die Zunge, alle 10 Minuten, bis sich der Schockzustand deutlich bessert.

Homöopathie

Erneut ist **Arnika C200** das erste Mittel der Wahl, innerlich, 2 Globuli, einmalige Gabe.

Danach eintretende Schmerzen werden gelindert und erträglicher gemacht mit **Symphytum C200** innerlich, 2 Globuli, einmalige Gabe.

Die Unterstützung der Heilung durch *Mineralsalze* ist unter *Calcium fluor* und *Calcium phos* im Kapitel »Schüßlersalze« nachzulesen.

Schüßler-salz

Verbrennungen, Verbrühungen, elektrische Schläge

Man unterscheidet Verbrennungen nach Verbrennungsgraden und Flächenanteil der verbrannten Hautstellen.

Die Schwere einer Verbrennung bemisst sich weniger daran, wie tief die Zerstörung ins Gewebe hineinreicht, als an der Ausdehnung der betroffenen Hautfläche.

Man muss davon ausgehen, dass Verbrennungen von mehr als 10 Prozent der gesamten Körperoberfläche schwere Verbrennungen sind, die – auch wenn die Haut nur leicht verbrannt ist – gefährlich sein können.

Eine Gradeinteilung sieht üblicherweise so aus:

1. Grad: die Haut ist rot oder anders verfärbt

2. Grad: Brandblasen und rot oder anders verfärbte Haut

3. Grad: Verkohlung der gesamten Hautschicht

Achtung: Nie fetthaltige Substanzen oder Salben auf die verbrannten Stellen streichen!

Bachblüten-Essenz

Da eine Verbrennung immer einen Schock bedeutet, sind die Notfalltropfen der Bachblüten-Essenzen, also das **Rescue Remedy**, auf jeden Fall zu geben. 4 Tropfen der Verdünnung oder notfalls pur auf die Zunge, alle 10 Minuten, 1 Stunde lang.

Farbtherapie

Eine großflächige **Blau**-Bestrahlung der betroffenen Stellen wird zumindest die Schmerzen lindern und die Heilung fördern können. Es sind auch Fälle bekannt, in denen allein die Farbtherapie mit Blau ans Wunderbare grenzende Heilungserfolge erbracht hat. So wird aus den USA berichtet, dass ein achtjähriges Mädchen mit Verbrennungen dritten Grades in eine Farbheilklinik in Kalifornien eingeliefert wurde, wo man sie nur mit Blau-Bestrahlung behandelte. Sie erlebte eine vollkommene Regeneration.

Homöopathie

Zuerst **Arnika C200** innerlich, 2 Globuli, eine einmalige Gabe, und **Aconit C200** innerlich, 2 Globuli, alle 15 Minuten, bis sich der Schock gelöst hat.

Als äußerliche Maßnahmen empfiehlt sich aus der Erfahrung der Naturheilkunde, **unverdünnten Essig** (möglichst Obstessig) vorsichtig aufzutragen oder in Essig getränkte Tücher aufzulegen. Damit verschwinden die Schmerzen am schnellsten, die Heilung wird optimal gefördert, und es gibt keine Narben. Warmes bis sehr warmes Wasser nur dann nehmen, wenn kein Essig greifbar ist; kaltes Wasser betäubt zwar die Nerven und damit die Schmerzempfindung vorübergehend, die Selbstheilung des Körpers wird allerdings dadurch verzögert, die Schmerzen kommen unter Umständen noch stärker wieder, und es können sich Entzündungen bilden.

Wenn verbrannte Kleidung an der verbrannten oder verbrühten Stelle haftet, benetze man sie mit Essig und ziehe sie dann vorsichtig ab; eventuell den Arzt bemühen! **Aloe Vera Gel pur** zum vorsichtigen Auftragen auf die verbrannten Stellen.

Zusätzlich zu **Arnika** und **Aconit** sind innerlich einzunehmen

- bei *sehr starken Schmerzen* **Causticum C200** innerlich, 2 Globuli, alle 15 Minuten, bis die Schmerzen nachgelassen haben;

– bei *intensiv brennenden Schmerzen bei Brandblasen oder -wunden* **Cantharis C 200**, Dosierung wie **Causticum C 200**.

Schwere Verbrennungen

Achtung: Wenn die Verbrennungen schwer sind bzw. mehr als etwa 10 Prozent der Körperfläche erfassen – 1 Prozent entspricht etwa der Handoberseite –, muss unbedingt ein Arzt oder das Krankenhaus aufgesucht werden.

Bei *Verbrennungen durch elektrischen Schlag* (Blitzschlag, Stromschlag, zum Beispiel im Bad)

– Stromquelle (Föhn, Weidezaun usw.) erst abschalten, ohne selbst damit in Berührung zu kommen(!),
– Behandlung und Brandversorgung wie oben beschrieben;

falls Atemstillstand, Ohnmacht und/oder »Scheintod« eingetreten sind

– wiederum erst Stromquelle ausschalten, ohne selbst damit in Berührung zu kommen, und
– sofort Notarzt rufen, zwischenzeitlich
– mit **Nux vomica C 200** alle 15 Minuten tröpfchenweise Lippen und Mund benetzen (notfalls jeweils 2 Globuli in etwas Flüssigkeit auflösen);

falls das Gesicht blau angelaufen ist, zusätzlich **Lachesis C 200** auf die gleiche Weise wie Nux Vomica verabreichen.

Rescue-Remedy-Tropfen werden zur Harmonisierung des seelischen Schockzustands beitragen.

Erfrierungen

Die größte Gefahr bei ernsten Erfrierungen besteht darin, dass die Empfindung für den Grad der Erfrierung verloren geht – die Kälte macht die Nerven gefühlstaub – und man nicht bemerkt, wie steifgefroren Gliedmaßen oder Körperteile bereits geworden sind.

Unvorsichtige Bewegungen oder Berührungen können dann leicht zum Bruch führen, etwa von Nase, Ohren, Fingern oder Fußzehen.

Homöopathie

- Äußere Maßnahmen: Man reibe die erfrorenen Stellen leicht mit Schnee oder Eis ein; wenn greifbar, mengt man **Camphora Urtinktur**, je nach Fläche einige Tropfen bis zu einem Esslöffel, dem Eiswasser bei.
- Innerliche Maßnahmen: **Camphora Urtinktur** zum Einnehmen verdünnt, 7 Tropfen auf 1 Glas, langsam schluckweise trinken.
- Wenn nach der Belebung *heftige Schmerzen* auftreten, gibt man **Carbo vegetabilis C200** innerlich, 2 Globuli, alle 4 Stunden bis zum Nachlassen der Schmerzen.
- Wenn Carbo Vegetabilis nicht hilft und die Schmerzen stark brennen, braucht man **Arsenicum album C200**, Dosierung wie Carbo Vegetabilis.
- Falls der Behandelnde durch das Einreiben mit Schnee oder Eis(wasser) selbst starke Schmerzen bekommt, nimmt auch die behandelnde Person *Arsenicum album*.

Bachblüten-Essenz Auch hier hilft zusätzlich **Rescue Remedy** in Tropfenform, übliche Dosierung, 4 Tropfen der Verdünnung auf die Zunge, alle 10 Minuten, bis zur spürbaren Besserung.

Farbtherapie Als Farbtherapie empfiehlt sich **Orange** wohl eher als das zu intensive Rot; uns liegen allerdings keine dokumentierten Erfahrungsberichte vor.

Insektenstiche

Bei allen Insektenstichen empfiehlt sich zur äußerlichen Behandlung immer **Rescue-Remedy-Salbe** (Notfallsalbe) oder **Aloe vera Gel** zum Einreiben.

Homöopathie

Bei *Mücken- und Bremsenstichen,*
- die heftig jucken oder brennen, gibt man **Ledum C200** innerlich, 2 Globuli, ein- bis dreimal innerhalb von 24 Stunden;
- die sich nicht zurückbilden und eine geschwürige Schwellung verursachen, nimmt man **Carbolicum acidum C200** innerlich, Dosierung wie Ledum C200.

Bei *Bienenstichen* muss man zunächst den Stachel entfernen, falls er noch in der Haut steckt, und als Hausmittel **Kochsalz** auf die befeuchtete Stichstelle tupfen, zusätzlich **Apis C200** innerlich, 2 Globuli, einmalige Gabe.

Bei *Wespen- und Hornissenstichen* wieder zunächst den Stachel entfernen, **Kochsalz** feucht auftupfen und zusätzlich **Vespa C200** innerlich, 2 Globuli, einmalige Gabe.

Falls man auf Bienen-, Wespen- oder Hornissenstiche allergisch reagiert, können solche Stiche eine ernsthafte Gefahr darstellen, die lebensbedrohlich werden kann.

Symptome dafür sind unter anderem: geistige Verwirrtheit, Schwäche und Unruhe, erschwerte Atmung, bläuliche Hautverfärbung (nicht unbedingt an der Stichstelle), Husten, Kopfschmerzen und eventuell Bewusstlosigkeit. **Dann sofort Arzt aufsuchen,** zwischenzeitlich **Arsenicum album C200** innerlich, 2 Globuli, anfangs alle 2 Stunden eine Gabe, später reduzieren auf eine Gabe pro 4 Stunden, bis sich der Schockzustand gebessert hat.

Falls aufgrund der allergischen Reaktion *Herzbeschwerden* eintreten mit bläulicher Gesichtsfarbe und sich die Einstichstelle blau verfärbt, dann gibt man zusätzlich **Lachesis C200** innerlich, 2 Globuli einmal täglich.

Bei *Zeckenbissen* ist zu beachten, dass die Gefahr der Übertragung von Krankheiten (Borreliose) und auch der Verursachung von Gehirnhautentzündung (FSME) besteht. Wenn man unsicher ist, sollte man am besten den Rat eines Heilkundigen suchen.

Auf keinen Fall darf man versuchen, die Zecke mit Gewalt herauszuziehen. Der Zeckenkopf wird mit Öl oder Klebstoff luftdicht abgedichtet. Die Zecke lockert daraufhin ihren Biss und lässt sich nach einiger Zeit leicht herausziehen.

Um einer Gehirnhautentzündung nach einem Zeckenbiss vorzubeugen, nimmt man **Zeckenbissfieber-Nosode D200** innerlich, 2 Globuli, einmalig. (Der erfahrene Homöopath kann dieses Mittel auch gegen die möglichen Folgen einer allopathischen Zeckenimpfung einsetzen.) Außerdem nimmt man **Ledum C200** innerlich, 2 Globuli, einmalige Gabe.

Auch bei Zeckenbissen hat sich die **Rescue-Remedy**-Salbe zur äußerlichen, zusätzlichen Behandlung bewährt.

Tierbisse

Wurde man von einem Wildtier gebissen, welches sehr zahm erscheint, oder von einem sonst zahmen, nunmehr aber aggressiven Haustier (oder ist man mit dem Speichel eines solchen Tieres in Berührung gekommen), so ist eine Tollwutansteckung nicht auszuschließen. In diesem Fall muss sofort der Arzt aufgesucht werden!

Allgemein gilt bei Bisswunden, dass Bakterien so in die Wunde hineingeraten können, dass sie nur schlecht wieder herausgelangen. Deshalb sollte man die Bissstelle zunächst kräftig massieren, um eine genügende Blutung und damit Selbstreinigung zu erzielen.

Bachblüten-Essenz

Wie in allen Notfällen wird auch hier wieder **Rescue Remedy** genommen, innerlich, als Verdünnung, notfalls reine Essenz, 4 Tropfen stündlich.

Homöopathie

Arnika C200 innerlich, 2 Globuli, alle 15 Minuten, bis sich der Schock gelegt hat.

Ledum C200 ist das Hauptmittel bei Bisswunden, innerlich, 2 Globuli, ein- bis dreimal innerhalb von 24 Stunden.

Wenn *Nervenschmerzen* auftreten, zusätzlich **Hypericum C200** innerlich, Dosierung wie **Ledum C200**.

Wenn eine *Blutvergiftung* droht – u. a. zu erkennen am roten Streifen, der sich von der Wunde aus Richtung Herz zieht –, zusätzlich **Gunpowder D3** bis **D6** innerlich, 6 Globuli, erst stündlich, dann dreistündlich.

Bei *Tollwut*, bis zur Behandlung durch den Arzt, **Lyssinum C1000** innerlich, zweimal 2 Globuli im Abstand von 5 Minuten.

Bei *Spinnen-, Skorpion- und Schlangenbissen* werden homöopathische Mittel je nach dem Symptombild gegeben, die weiter unten beschrieben sind.

Bei Giftbissen auf jeden Fall so schnell wie möglich den Notarzt oder ein Krankenhaus aufsuchen.

Zu den Hausmitteln bis zu einer medizinisch kompetenten Behandlung gehören, je nach Verfügbarkeit, Eisbeutel auf die Bisswunde, um die Ausbreitung des Giftes zu verlangsamen oder zu verhindern, *Aufschneiden* und/oder umsichtiges weiträumiges **»Abstreichen«** des Giftflusses vom Herzen weg zur Bisswunde hin, Abbinden, falls ein Körperglied betroffen ist.

Es empfiehlt sich, sich *vor einer Reise* in Gebiete, in denen solche Risiken bestehen, mit folgenden homöopathischen Mitteln zu versorgen, um Tierbisse homöopathisch behandeln zu können:

- in allen Fällen zur schnelleren Wundheilung und wegen des Schocks **Arnika C200** innerlich, 2 Globuli einmalig;
- zur Stärkung der Abwehr und bei roten Streifen und Verfärbungen um den Biss bzw. Gefahr einer aufkommenden Blutvergiftung und Infektion ebenfalls in allen Fällen zusätzlich **Echinacea C200** innerlich, 2 Globuli dreimal täglich (oder notfalls in der Urtinktur 10 bis 20 Tropfen stündlich), bis sich das Befinden deutlich bessert bzw. die spezifische medizinische Behandlung einsetzt;
- bei dunkelrot oder dunkelblau angelaufener Bisswunde, aus der unter Umständen dunkelrotes Blut heraussickert, und Verschlimmerung der Symptome nach Schlaf zusätzlich **Lachesis C200** innerlich, 2 Globuli alle 30 Minuten, bis zum Rückgang

der Verfärbung bzw. Behandlung durch den Fachmann;

- bei dunkelroter Gesichtsverfärbung, aber Blässe um Nase und Mund, großer Mattigkeit und erhöhter Geruchswahrnehmung **Carbolicum acidum C200**, Dosierung wie Lachesis C200 (siehe oben);
- bei starker Schwellung und Verfärbung um die Bissstelle herum und bei Biss durch Klapperschlange oder giftigen Spinnen sowie bei Herzschwäche mit Kollapsneigung sowie bei raschem heftigen Einsetzen der Symptome und Verschlimmerung durch Erschütterungen **Crotalus C200** innerlich, Dosierung wie Lachesis C200 (siehe oben);
- wenn sich die Bisswunde kalt und taub anfühlt, starke Schmerzen sowie heftiges Zittern auftreten, sich der Zustand durch die kleinste Berührung oder durch Nachdenken über die Situation verschlechtert, **Oxalicum acidum C200** innerlich, Dosierung wie Lachesis C200 (siehe oben).

Sonnenstich, Hitzschlag, Sonnenbrand

Typische Symptome des Sonnenstichs sind Kopfschmerzen, Schwindel und Schwäche, Ohnmachtsgefühle bis zur tatsächlichen Bewusstlosigkeit, eventuell Atemstörungen, Leibschmerzen und eventuell Erbrechen, bisweilen auch das Gefühl der geistigen Abwesenheit; beim Hitzschlag auch sehr hohe Körpertemperatur.

Sonnenstich und Hitzschlag entstehen im Regelfall, weil der Körper seine Hitze nicht durchs Schwitzen abgeben kann.

(Zum einfachen Sonnenbrand siehe Hinweise am Schluss dieses Abschnitts; zu Kollaps siehe eigener Abschnitt.)

Allgemeine Erste-Hilfe-Maßnahmen

- Viel Flüssigkeit trinken, am besten heiß (!), damit man schwitzt;
- Salzzufuhr während des Auftretens der Symptome einstellen, um leichter schwitzen zu können, denn Schwitzen kühlt (Ausnahme; extremes Schwitzen bei Arbeit in extremer Hitze, zum Beispiel an Hochöfen, in Minen, in den Tropen);
- für kühle (nicht kalte) Umgebung sorgen;
- eventuell Körper flach legen, Kopf leicht erhöht.

Bachblüten-Essenz

Rescue-Remedy-Tropfen der Essenz in die Trinkflüssigkeit geben, 4 Tropfen pro Glas, langsam schluckweise trinken.

Farbtherapie

Möglichst viel **Blau** um und auf den Körper, als Ganzkörperbestrahlung und/oder auf den Kopf; auch feuchter Umschlag um den Kopf mit einem blauen Tuch und/oder blaues Tuch auf den Körper, wenn Blau-Bestrahlung nicht möglich ist.

Homöopathie

- Bei rotem und heißem, dampfendem Kopf, weiten Pupillen, auch bei stark pulsierender Halsschlagader und trockener Haut **Belladonna C200** innerlich, 2 Globuli in einem Glas warmer Flüssigkeit auflösen und schluckweise trinken, falls nötig, wiederholen bis zur Besserung;
- bei drohender Bewusstlosigkeit oder rasenden Kopfschmerzen und dem Gefühl, dass der Schädel platzt, oder dem Gefühl, als ob der Kopf »zu groß« wäre; bei Verschlimmerung der Kopfsymptome durch kleinste Erschütterungen; bei dem Gefühl, sich nicht hinlegen zu können, weil das »Kissen zu stark klopft«; wenn man bei der Beugung des Kopfes nach hinten starke Schmerzen spürt; bei matten und gläsernen Augen und trockener Haut **Glonoinum C200** innerlich, 2 Globuli einmalig;
- wenn man in der Sonne eingeschlafen ist, sich beim Erwachen krank fühlt und einem beim Versuch aufzustehen übel wird; bei leichenblassem Gesicht und trockener Haut **Aconit C200** innerlich, 2 Globuli einmalig, falls nötig, noch ein zweites Mal eine halbe Stunde später;
- wenn zittrige Schwäche besonders auffällig ist, starke Benommenheit und Schwäche vorliegen und die Augenlider vor Schwere fast zufallen, **Gelsemium C200** innerlich, 2 Globuli alle 30 Minuten, bis sich die Beschwerden spürbar bessern;
- bei geistiger Abwesenheit bis zur Verwirrung; bei

klopfendem, pochendem oder hämmerndem Kopfschmerz (eventuell eintretendes Nasenbluten lindert den Kopfschmerz) **Melilotus C200** innerlich, 2 Globuli einmalig.

Sonnenbrand Als Hausmittel bei Sonnenbrand hat sich die Einreibung mit reinem *(Obst-)Essig* bewährt, ebenso mit ***Aloe Vera Gel*** **pur**.

Die **Rescue-Remedy-Salbe** hilft, dünn aufgetragen, ebenfalls.

Schreck, Schock

Schreck und Schock sind Begleiterscheinungen bekanntlich nicht nur bei Unfällen und schweren Verletzungen, sondern auch bei plötzlichen seelischen Verwundungen und Unglücksfällen. In diesem Abschnitt wird auf die seelischen Schockzustände und ihre naturheilkundliche Behandlung eingegangen, nicht auf die Versorgung und Heilung der körperlichen Ursachen und Symptome. (Wenn Schreck und Schock zur Ohnmacht führen, siehe nächster Abschnitt.)

Schreck oder Schock treten zum Beispiel auf bei Auto- oder Fahrradunfällen, Stürzen aus der Höhe – vom Pferd oder ins Wasser oder Ähnlichem –, körperlichen Angriffen, Vergewaltigung.

Auseinandersetzungen, Kündigung des Arbeitsplatzes, schlechte Nachrichten, laute Worte bei Säuglingen und Kindern, auch extreme und destruktive Musik, schlechte Schulnoten usw. können ebenfalls zu Schreck- und Schockzuständen führen.

Allgemein alles, was sich sehr plötzlich oder heftig ereignet – sogar freudige Geschehnisse –, kann bei empfindsamen Menschen einen Schreck oder Schock auslösen.

Bachblüten-Essenz

Das **Rescue Remedy** (die Notfalltropfen) hat sich als Universalmittel gerade bei Schreck- und Schockzuständen bewährt. Man sollte diese Essenz in der Verdünnung oder pur immer zur Hand haben – in der Handtasche, im Auto, im Aktenkoffer usw.

Das *Rescue Remedy* wirkt direkt harmonisierend auf

den Schwingungszustand von Geist, Psyche und Körper, wenn er aufgrund eines plötzlichen, heftigen Ereignisses in teils extreme Dissonanz zur eigenen Seele geraten ist.

Wir erinnern hier an Zusammenhänge, die im ersten Kapitel näher erläutert sind.

Unsere Seele, unser Selbst, der göttliche Funke, der wir unserer innersten Natur nach sind, ist ja immer »heil«, ganz, gesund. Krankheit entsteht laut Edward Bach erst und nur dann, wenn wir unsere Persönlichkeit nicht (mehr) von der vollkommenen Seele leiten lassen, sondern Ego-Eingebungen folgen. Die Persönlichkeit schwingt dann anders als die Seele. Wenn wir diese Dissonanz unbeachtet lassen, zwingt uns die Seele durch körperliche Krankheitssymptome, uns mit der Dissonanz auseinanderzusetzen.

Bei Schreck oder Schock werden unserer Persönlichkeit solche Dissonanzen von außen aufgezwungen (wenn man etwaige »karmische«, schicksalhafte, in uns selbst angelegte Ursachen für eine Begegnung mit einer Schock auslösenden Situation hier einmal nicht berücksichtigt). Wir müssen uns also damit beschäftigen, wie wir den von außen ausgelösten Schreck- oder Schockzustand in uns wieder harmonisieren, wie wir die Schwingung unserer Persönlichkeit wieder auf die ursprüngliche, vollkommene, schöpferische Schwingung der Seele einstellen.

Und genau hier setzt das *Rescue Remedy* an: Es vermittelt die feine harmonische Schwingung von fünf genau aufeinander abgestimmten Bachblüten über die so genannte Aura – die uns nicht nur umhüllt, sondern auch von innen, gleichsam aus uns herausstrahlt – an höhere Bewusstseinsbereiche unserer Persönlichkeit. Intuitiv offene Menschen nehmen diese Schwingungsänderung im Moment der Aufnahme dieser Bach-Notfalltropfen spürbar wahr.

Bei Schreck und Schock also immer **Rescue Remedy**, 4 Tropfen auf ein Glas Wasser, langsam, schluckweise trinken, einmal stündlich, bis sich der Zustand aufgelöst hat.

Sollte der Zustand später wieder auftauchen, zum Beispiel auch in Träumen, erneut *Rescue Remedy* nehmen (weitere homöopathische Mittel siehe unten). Da es nur um energetische Schwingungen geht, nicht um materielle Substanzen, sind 4 Tropfen der Verdünnung genauso wirksam wie 4 Tropfen pur.

Homöopathie

- Bei *Schock durch Schreck*; Zittern vor Schreck; schreckgeweiteten Augen mit großer Angst und Unruhe; Verlangen aufzuspringen mit Schwindelgefühl, danach Wunsch, sich hinzulegen, und dann Angst vor dem Aufstehen; drohender Fehlgeburt durch Schreck **Aconit C200** innerlich, 2 Globuli, ein- bis dreimal innerhalb eines Tages;
- bei *Schock durch Verletzung*; zusätzlich eventuell Überempfindlichkeit des ganzen Körpers, Abweisung von Berührungen, Wunsch, allein gelassen zu werden, Verharmlosung der Situation **Arnika C200** innerlich, Dosierung wie Aconit C200 (siehe oben);
- bei *Schock durch schlechte Nachrichten* mit extremer Kraftlosigkeit, manchmal mit hilflosem Zittern **Gelsemium C200** innerlich, Dosierung wie Aconit C 200 (siehe oben);
- bei *Schreck oder Schock durch Freude*, also übermä-

ßiger Gefühlserregung durch positive Ereignisse und Umstände; heftigen Lach- und Weinanfällen, nach denen man in sich zusammenfällt, **Coffea C200** innerlich, Dosierung wie Aconit C200 (siehe oben; im Notfall hilft oft auch der Geruch oder einige wenige Schlucke starken Kaffees);

- wenn durch Schreck und Schock *Furcht zurückbleibt* oder *Schreikrämpfe* auftreten bzw. bei *ständigen Wiederholungen derselben Sätze*; auch wenn zusätzlich extreme Teilnahmslosigkeit auftritt und **Arnika** bzw. **Aconit** den Schockzustand nicht aufgelöst haben, **Opium C200** innerlich, einmal 2 Globuli.
  Achtung: Manchmal erhältlich nur über Heilpraktiker oder Arzt.
  Von der Substanz Opium sind bei einer homöopathischen Verdünnung C200 keine Moleküle mehr vorhanden – es geht auch hier wieder um die Schwingung, die heilt. Trotzdem ist dieses Mittel nicht immer allgemein zugänglich.

Vergewaltigung

Vergewaltigung wird leider immer noch viel zu häufig verharmlost. Weder (Männer-)Gesetze noch (Männer-) Medizin und (Männer-)Psychologie werden der Brutalität sexueller Unterdrückung und Ausbeutung (bekanntlich auch in der Ehe) bislang auch nur annähernd gerecht. Immer noch muss zuallererst die Frau sich beschämenden und schockierenden Untersuchungen und Befragungen unterwerfen, muss sie sich möglicherweise »Lustgefühle« vorhalten und sich jede Menge weiterer Erniedrigungen und Demütigungen gefallen lassen.

Vergewaltigung wird von einer männerdominierten Gesellschaft zum Teil noch als Kavaliersdelikt angesehen, es sei denn, dass zum Beispiel »ein Gastarbeiter eine Deutsche« oder »ein Schwarzer eine weiße Frau« vergewaltigt. Dann plötzlich steht die Ordnung des Abendlandes kurz vor dem Zusammenbruch.

»Der weiße Ring«, eine vor Jahrzehnten von Fernsehmoderator Eduard Zimmermann (»Aktenzeichen XY ungelöst«) gegründete Selbsthilfeorganisation von Opfern krimineller Akte, hat hier eines der wenigen positiven Zeichen zur Unterstützung von vergewaltigten Frauen gesetzt.

Alle in der Heilkunde Tätigen, gleich, ob Frauen oder Männer, sollten sich ihrer besonderen Verantwortung bewusst sein, Frauen über die medizinische Versorgung hinaus auch bei dem Schutz vor weiteren seelischen Folgen, bei Aussagen bei der Polizei oder vor Gericht psychisch zu stützen.

Der Umgang von Medizinern, Psychologen, Juristen

usw. mit betroffenen Frauen spiegelt direkt ihre eigene Bewusstseinsentwicklung wider – vor allem abwiegelnde Verharmlosung.

Homöopathie Neben **Aconit C200** und **Arnika C200** (Symptombild, wie oben beschrieben) kommen für eine Behandlung außerdem in Frage

- bei *gewaltsamen körperlichen Verletzungen*, wie Dehnungen, Einrissen usw., **Staphisagria C200** innerlich, 2 Globuli, ein- bis dreimal innerhalb von 24 Stunden;
- bei *anhaltender oder schwerer seelischer Verletzung* **Sepia C200** innerlich, Dosierung wie Staphisagria C200 (siehe oben);
- bei *tiefem wiederkehrenden Kummer und Traurigkeit* als Folge der Vergewaltigung (zum Beispiel auch über Bruch einer Partnerschaft als »indirekte« Folge der Vergewaltigung), der wie ein Stachel in einem sitzt und von tiefen Seufzern begleitet wird, **Ignatia C200** innerlich, Dosierung wie Staphisagria C200 (siehe oben).

Ohnmacht

Bevor Schreck- und Schockzustände zu einer akuten Ohnmacht führen, gelten die Hinweise aus dem früheren Abschnitt.

Bei einer länger anhaltenden Ohnmacht – länger als einige Minuten – sollte unbedingt ein ausgebildeter Heilkundiger gerufen werden. Wenn man häufiger Ohnmachtsanfälle erlebt, sollte man zum Heilpraktiker oder Homöopathen in die Behandlung gehen.

Bei der Ohnmacht ist die geregelte Zufuhr von Sauerstoff zum Gehirn behindert oder sogar unterbrochen. Der Mensch »fällt um«, weil uns die Natur zwingt, die günstigste Lage für eine erhöhte Sauerstoffzufuhr zum Gehirn einzunehmen.

Erste-Hilfe-Maßnahmen

Wichtige *äußere* Erste-Hilfe-Maßnahmen sind:

- Der Ohnmächtige wird auf den Boden oder eine Liege gelegt, am besten in eine stabile Seitenlage, auf jeden Fall den Kopf zur Seite drehen (falls sich der Ohnmächtige erbricht);
- falls das Gesicht gerötet ist, wird der Kopf höher gelegt;
- Kleidungsstücke lockern, um Atmung und Kreislauf nicht zu behindern;
- eine kräftige Fußmassage (Schuhe ausziehen), dabei Zehen und Zehenspitzen kräftig gegen den Fußballen drücken;
- kräftig mit Fingerkuppe/Fingernagel, Kugelschreiberoberteil oder Ähnlichem auf den Punkt unter der Nasenwurzel zwischen Nase und Oberlippe drücken;

- kaltes Wasser auf Gesicht, Schläfen, Nacken spritzen;
- den Handrücken zwischen Ringfinger und kleinem Finger massieren;
- Riechfläschchen (**Kampfer**, notfalls Parfüm, auch Rescue Remedy) unter die Nase halten.
- **Rescue Remedy** auf die Lippen träufeln, 4 Tropfen, alle 5 Minuten.

Homöopathie Die Zuordnung erfolgt nach den auslösenden *Ursachen der Ohnmacht*:

- durch *stickige, heiße Räume*, möglicherweise bei *dichtgedrängter Menschenansammlung* **Pulsatilla C200** innerlich, 2 Globuli, einmalig;
- durch *Schreck und Schock* **Aconit C200** innerlich, 2 Globuli, einmalig, und bei gleichzeitig röchelnder Atmung **Opium C200** innerlich, 2 Globuli, einmalig (erhältlich, nur über Heilpraktiker oder Arzt, siehe Abschnitt »Schreck, Schock«);
- durch *extremen Ärger* und/oder *heftigste Schmerzen* **Chamomilla C200** innerlich, 2 Globuli, einmalig;
- durch *übermäßige Freude* (Lottogewinn, Erbschaft usw.) oder übermäßige Gefühlserregung (spannende Sportereignisse, erotische Situationen usw.) **Coffea C200** innerlich, 2 Globuli, einmalig; notfalls auch Kaffee auf Tuch träufeln und unter die Nase halten (hilft auch kurz vor Ohnmachtsanfall);
- durch *schlechte Nachrichten bei vorliegender extremer Schwäche*, die bis zum unwillkürlichen Abgang von Harn und Stuhl im Ohnmachtszustand führen kann, **Gelsemium C200** innerlich, 2 Globuli, einmalig;
- durch *Alkohol-, Nikotin- und Drogenmissbrauch, sexuelle Ausschweifungen, Überanstrengung und Schlafman-*

gel über längere Zeit, Überempfindlichkeit gegen Gerüche und Tabakrauch **Nux vomica C200** innerlich, 2 Globuli, einmalig;
- durch *großen Blutverlust* (zum Beispiel Verletzung, Unfall, Operation, zu starke Menstruation, Fehlgeburt) und daraus folgender Schwäche **China C200** innerlich, 2 Globuli, einmalig.

Kollaps

Ein Kollaps ist das, was man auch »Zusammenbruch aus Schwäche« nennen kann. Beim Kollaps bricht man zusammen, ohne ohnmächtig zu werden, man ist also geistig noch »da«, wenn auch kaum ansprechbar. Ein Kollaps bedeutet immer ein Versagen der Lebensenergie.

(Für den Kollaps gibt es mehrere Ursachen, er darf aber nicht mit Herzanfällen verwechselt werden. Diese treten meist nach vorherigen »Warnsignalen« auf, wie zum Beispiel anfallsweise auftretende Schmerzen, die vom Herz ausgehen und in die linke Schulter und den linken Arm, die Magengegend oder den Nacken ausstrahlen können. Die Homöopathie kann zwar auch hier helfen, zur Selbsthilfe ist jedoch auf keinen Fall zu raten.

Bei Herzanfällen immer den fachkundigen Mediziner aufsuchen oder holen!)

Homöopathie

- Bei kaltem Schweiß am ganzen Körper und kaltem Körper, außergewöhnlichem Lufthunger (Patient will Luft zugefächelt bekommen), *kaltem* und *oberflächlichem* Atem, kalten Knien, eingefallenem gelbgrünlichem Gesicht gibt man **Carbo vegetabilis C200** innerlich, 2 Globuli, ein- bis dreimal innerhalb von 24 Stunden;
- bei eisiger Kälte, sodass man »blau angelaufen« ist, Gefühl von Eiswasser in den Adern, tiefem Atemschöpfen, Schwäche durch extremen Flüssigkeitsverlust und Durchfall aufgrund von Darmerkrankun-

gen, auch mit Wadenkrämpfen einhergehend, **Veratrum album C200** innerlich, Dosierung wie Carbo vegetabilis (siehe oben).

Wie immer empfiehlt sich zusätzlich **Rescue Remedy**, 4 Tropfen der Verdünnung oder pur auf die Lippen, alle 15 Minuten, bis zur Besserung.

Asthmaanfälle

Asthma ist vom Heilkundigen zu behandeln. Bei Asthma besteht die Chance zur Heilung durch Naturheilkunde, wenn der Behandelnde über ausreichende Erfahrung verfügt und der Patient bereit ist, auch psychosomatische Lebenseinstellungen zu überprüfen und zu verändern.

Asthma wird manchmal auch als »das Weinen der Seele« bezeichnet – über nicht überwundene Ängste und Lebensenge, die oft von dem Betroffenen selbst verursacht ist.

Asthmatische Anfälle können durch bestimmte homöopathische Heilmittel gemildert werden. Bei schweren Anfällen, welche bis zur Erstickung führen können, muss der Arzt gerufen werden!

Die Bachblüten-Essenz **Rescue Remedy** wird auch hier lindern können. 4 Tropfen sind auf die Lippen zu träufeln, die Brust kann mit **Rescue-Remedy-Salbe** eingerieben werden.

Manchmal hilft auch eine bestimmte Körperhaltung, die Atmung zu erleichtern. Dazu kniet man auf dem Boden in der Gebetshaltung der Muslime, also mit auf den Boden vorgestrecktem Oberkörper und vorgereckten Armen.

Homöopathie

Wieder wird hier nach den Symptomen unterschieden. Wenn man unter *asthmatischer Atemnot* leidet

- und gleichzeitig unter Angst und Unruhe bzw. kurz nach Mitternacht Erstickungsgefühle entstehen und man sich deshalb nicht hinlegen mag, **Arsenicum**

album C200 innerlich, 2 Globuli, einmalig oder alle 15 Minuten, bis zur ärztlichen Versorgung;
- und der Anfall nach krampfartigem Husten mit Brechreiz oder Erbrechen auftritt, Essen und Sprechen den Zustand verschlimmern – am Abend schlimmer als am Morgen –, gibt man **Carbo vegetabilis C200** innerlich, Dosierung wie oben;
- und Krampfhusten bis zur Gefahr des Erstickens auftritt, oft mit Erbrechen und bläulicher Kälte des Körpers, heftigen schneidenden Schmerzen in Magen oder Darm, und kaltes Trinken den Husten und Brechreiz lindert, aber alle Symptome durch Berührung verschlimmert werden, auch bei krampfartigen und epileptischen Anfällen, **Cuprum C200** innerlich, 2 Globuli, ein- bis dreimal innerhalb von 24 Stunden, bis zur medizinischen Versorgung;
- und der Patient unter einem drückenden Gefühl auf der Brust leidet, ständig und wie keuchend husten muss, mit Erstickungsangst und Brechreiz ohne Schleimauswurf, **Ipecacuanha C200** innerlich, Dosierung wie oben.

Es ist auch – wenn keines der oben genannten Mittel Erleichterung verschaffen kann – an **Aconit C200** zu denken, das Angstzustände (bei Asthmaanfällen wegen Erstickungsgefühlen) auflösen bzw. lindern kann.

5. Kapitel

Einführung in die Meditation als heilsame Schwingung

Meditation ist die umfassende und tiefgehende Entspannung von Körper, Gemüt, Intellekt und Psyche in der Weise, dass man alle Sorgen, Leiden, Gedankenverwirrungen, negativen Gefühle und Ängste für eine Zeit *loslassen* kann.

In dieser Zeit des Loslassens offenbart sich die ursprüngliche Harmonie der Seele bzw. des Selbst – in Ruhe, Freude, Frieden, Liebe, Licht oder anderen Empfindungen und Wahrnehmungen.

Meditation kann auch eine bewusste Bemühung um geistige, ethische und spirituelle Höherentwicklung bedeuten.

Diese Zeit, einige Minuten, eine viertel oder halbe Stunde nicht von der Mühsal des täglichen Lebens überspült zu werden, dient auf jeden Fall der Regeneration von Körper, Geist und Seele. Die meisten Menschen spüren in der Meditation, dass sich ihnen neue Bewusstseinsdimensionen öffnen, die eine neue Sicht der Herausforderungen und Probleme mit sich bringen, und dass ihnen durch die Meditation auch ungeahnte frische Energien zufließen, dass sie »auftanken«.

Schöpferische Stille

So paradox es klingen mag: die scheinbare Leere des Nichtstuns, das vermeintliche Nichts der Gedankenruhe vermag die Rückverbindung zu schöpferischen Urkräften zu offenbaren, die in jedem Menschen wirken und ohne die kein Leben existieren kann. (Im Tiefschlaf finden übrigens alle Menschen zu dieser lebensnotwendigen Rückverbindung mit den schöpferischen Urkräften, die den »Lebensgenerator« neu »laden«.)

Seit Jahrtausenden wissen Menschen, die auf diese Weise in sich gehen, dass Meditation auch heilen kann. Meditation ist kein Versprechen auf »Wunderheilung«, sondern eine große Hilfe, seelische Schwingungen zu harmonisieren und geistige Bewusstseinsenergien zu erschließen. Meditation trägt damit dazu bei, die Gesundung und Heilung der Ganzheit des Menschen – Körper, Geist, Seele – und dadurch auch einzelne Heilungsprozesse zu begünstigen. Damit ist wieder die Verbindung zu unserem Thema »Die richtige Schwingung heilt« hergestellt.

Meditationswirkungen sind messbar

Die moderne Technik hat es nun möglich gemacht, Veränderungen, die durch Meditation im Körper und vor allem im Gehirn bewirkt werden, zu messen.

Dabei wurde unter anderem festgestellt – und inzwischen auch veröffentlicht –, dass in entspannter Meditation

– sich der Kreislauf beruhigt,
– der Stoffwechsel günstig beeinflusst wird,
– der Atem natürlich strömen kann, ohne von Gedanken oder eingeprägten Fehlatmungen verzerrt zu werden,
– der ruhigere, harmonische Gemütszustand psychosomatische Wirkungen auf die Gesamtverfassung ausübt,
– die Gehirnwellen aus den tagesüblichen disharmonischen Erregungs- und Spannungsverläufen in entkrampfte, harmonische Schwingungen gewandelt werden, die positives Leben und kreatives Handeln entscheidend fördern.

Wir schlagen Ihnen deshalb einfache, harmonisierende und heilsame Meditationshilfen vor, die sich leicht praktizieren lassen.

In den detaillierten *Meditationsempfehlungen* des nächsten Kapitels ergänzen sich die Schwingungen von *Farben* zu den *sieben Hauptgruppen* der Bachblüten-Essenzen und die *Affirmationen* (Verstärkung positiver Gedankenkräfte) zu den *38 Einzelmitteln*, zu denen Edward Bach selbst die Beschreibung der entsprechenden Gemütszustände gegeben hat.

Meditationsanleitung

(Eine Kurzfassung finden Sie am Ende dieses Kapitels.)

Vorbemerkungen zum Meditieren

Dauer **Am Anfang 5 bis 10 Minuten allein meditieren, später vielleicht 20 bis 30 Minuten, unter sachkundiger Führung eventuell länger; entscheidend ist die Qualität, also die wirkliche Ruhe und Entspannung, nicht die Dauer!**

Umwelt Stellen Sie Handy, Radio, Fernseher, Computer usw. ab; suchen Sie sich einen ruhigen, normal temperierten Platz, vielleicht sogar ein eigenes Zimmer; stellen Sie für diese kurze Zeit auch das Telefon so weg, dass Sie durch sein Klingeln nicht gestört werden können.

Zeit Meditieren können Sie, wann immer es Ihnen möglich ist; allgemein wird empfohlen, möglichst immer zur gleichen Zeit zu meditieren und sowohl die frühen Morgenstunden wie den Abend zu nutzen.

Haltung Für den Durchschnittseuropäer ist während des Meditierens bequemes und aufrechtes Sitzen wohl am geeignetsten; manche Menschen ziehen die Ruhelage vor, allerdings ist dann die Neigung groß einzuschlafen; besondere Yoga-Sitzhaltungen sind – wenn unverkrampft geübt! – hilfreich für die bewusste Aufmerksamkeit, aber nicht erforderlich.

Typische Meditationserfahrungen

Oft tritt am Anfang einer Meditation Müdigkeit auf, weil man wirklich überlastet ist oder weil sich der Organismus noch nicht auf die Schwingungsberuhigung durch Meditation eingestellt hat. Müdigkeit ist ein Hindernis, das leicht überwunden werden kann, indem man weiter wach und aufmerksam auf den Meditationsinhalt gerichtet bleibt.

Fast alle Menschen, die meditieren, sehen auch verschiedene Bilder, Lichter, Farben usw. oder spüren feine Energien. Das ist ganz normal und natürlich. Diese Phänomene stellen Durchgangsstadien für das Bewusstsein dar, das beginnt, sich mit seiner schöpferischen Urquelle zu verbinden.

Motivation

Die beste Garantie für ein »Gelingen« der Meditation ist die eigene Motivation. Wenn wir uns auf positive Ziele ausrichten und positive Mittel einsetzen, werden auch Verlauf und Ergebnis der Meditation positiv sein.

Anleitung für alle Bach-Farbmeditationen mit Affirmationen

1. Setzen Sie sich bequem und aufrecht hin, für die kurze Zeit möglichst ungestört.
2. Stellen Sie fest, welche Bachblüten-Essenz bei Ihrem gegenwärtigen Schwingungszustand am geeignetsten ist:
   - Entscheiden Sie sich bei der Meditation nur für eine Bachblüten-Essenz!
   - Sie können die passende Blüte auf unterschiedliche Weise bestimmen: intuitiv mit den Bachblüten-Farbkarten oder indem Sie die Kurzbeschreibungen lesen (siehe Kapitel 7).
3. Lesen Sie die entsprechende Affirmation und prägen Sie sich diese ein (siehe siehe Kapitel 6).

   Entscheiden Sie sich anhand der Farbübersicht zur Meditation (siehe ab siehe Kapitel 6) für eine der angegebenen Meditationsfarben, je nachdem, zu welcher Sie im Moment mehr neigen.
4. Dann schließen Sie die Augen und atmen dreimal tief durch die Nase ein, sodass nicht nur Lungen, sondern auch Zwerchfell und Flanken (also »der Bauch«) mit Luft gefüllt werden – sozusagen bis in die Zehenspitzen –, und atmen Sie jeweils ebenso tief aus, aber durch den Mund.
5. Stellen Sie sich nun auf die Affirmation ein, sprechen Sie diese in Gedanken aus (manche empfinden es als hilfreich, die Affirmation anfangs halblaut vor sich hin zu sprechen).

   Ziel ist, dass Sie Ihr Denken und Fühlen ganz auf

diese eine Affirmation einstellen und sich in deren wirkungsvolle Schwingung einlassen – sich also auf diese Affirmation »konzentrieren«.
Beobachten Sie, inwieweit sich Ihre Verfassung verändert.

6. Nach einiger Zeit (vielleicht 3 bis 5 Minuten) wenden Sie nun Ihre Aufmerksamkeit von der Affirmation fort zur Vorstellung, wie die von Ihnen zuvor ausgewählte Farbe als klares wohltuendes Licht von oben über den Oberteil des Kopfes (das so genannte Scheitel-Kraftzentrum) in Ihren Körper hineinströmt und sich in Ihnen ausdehnt.
   Manche Menschen verbinden das Einströmen des farbigen Lichts mit dem Einatmen und die wohltuende Ausbreitung des Lichts in ihrem Körper mit dem Ausatmen. Je nach Vorliebe kann man das farbige Licht, das einen durchflutet, wieder ausfließen lassen
   - durch den Körper über die Füße
   - oder über den Oberbauch zwischen Bauchnabel und Rippenbogen (am so genannten Solarplexus-Kraftzentrum)
   - oder über die Brustmitte (das so genannte Herz-Kraftzentrum)
   - oder ganz allgemein über den ganzen Körper.
7. Führen Sie diese Übung, während der Sie sich vorstellen, dass von oben farbiges Licht in Sie einströmt, einige Minuten oder so lange, wie es Ihnen angenehm ist, durch. Nehmen Sie bewusst die Schwingung des farbigen Lichts wahr.
8. Beenden Sie Ihre kleine Meditation wieder mit der bewussten gedanklichen bzw. intuitiven Ausrichtung auf Ihre Affirmation.

Beobachten Sie, inwieweit sich Ihr Verständnis der Affirmation verändert, vielleicht auch vertieft hat. Registrieren Sie auch, ob Sie sich jetzt anders, vielleicht wohler als zuvor, fühlen.

9. Beenden Sie diese Übung dann mit einem vertieften Ein- und Ausatmen.

Der Übungsablauf noch einmal in einprägsamer Kurzfassung:

Meditationsanleitung

1. Entspannt und aufrecht hinsetzen.
2. Affirmation und Farbe heraussuchen bzw. bestimmen.
3. Die Affirmation ins Bewusstsein einprägen.
4. Augen schließen, tief ein- und ausatmen, Nase – Mund.
5. Gedankliche Konzentration auf die Affirmation.
6. Vorstellung, dass das farbige Licht von oben einfließt. Ausströmen lassen über Füße, Bauch, Herz oder den ganzen Körper.
7. Erspüren der Schwingung des farbigen Lichts in sich.
8. Wiederholung der Konzentration auf die Affirmation. Beobachtung der Empfindungen und Wirkungen der Übung.
9. Beendigung der Meditation mit tieferem Ein- und Ausatmen.

6. Kapitel

Affirmationen zu den 38 Bachblüten-Essenzen und spezielle Meditationsfarben zu den sieben Bachblüten-Gruppen

Affirmationen

Für jede Bachblüten-Essenz ist eine Affirmation angegeben, die positiv das ausdrückt, was Edward Bach bei der Zuordnung seiner 38 Mittel (plus *Rescue Remedy*) als disharmonisch bzw. problematisch beschrieben hat bzw. was anzustreben ist.

Die Affirmationen beinhalten also – in verdichteter, knapper Form – jene positiven Gedankenkräfte, welche die jeweils beschriebene Gemütsdissonanz harmonisieren können.

Gedanken, Worte und Gefühle sind bekanntlich machtvolle Energien. Affirmationen nutzen diese Kräfte, um positive Schwingungsfelder zu erzeugen.

Farben

Für jede der sieben Hauptgruppen der Bachblüten-Essenzen werden jeweils drei (manchmal vier) spezielle Farben zur Lichtmeditation angegeben.

Diese Meditationsfarben helfen feinstofflich bei der Gesundung und unterstützen die Schwingungen der Bachblüten-Essenzen der sieben Hauptgruppen von Gemütszuständen.

Diese Farben entsprechen zwar – von einer bestimmten Ebene her betrachtet – jeweils einer mehr physischen, mentalen bzw. spirituellen Schwingung. Das beeinflusst aber Ihre Wahl der Farbe nicht – sie sollte intuitiv, zum Beispiel mit Hilfe der beigefügten Farbkarten, erfolgen (siehe Kapitel 7).

Sogar vorgestellte Farben können unmittelbar empfunden und subjektiv erlebt werden! Deshalb haben sich die Farbmeditationen nach dem Motto »Die richtige Schwingung heilt« sehr bewährt.

(Manche Leser werden auch mit den folgenden Meditationsfarben im Rahmen der Farbtherapie experimentieren wollen; siehe auch den Hinweis auf die Farb-Handlampe im Anhang.)

Gruppe 1:
»Angst«

Meditationsfarben

Violett (physisch), **Blau** (mental), **Weiß** oder **Gold** (spirituell)

Affirmationen

Rock Rose (26): »Gott liebt mich und schenkt mir Zuversicht. Ich habe wieder Hoffnung.«

Mimulus (20): »Ich darf alle belastenden Eindrücke aus der Vergangenheit loslassen. Ich schöpfe neuen Mut.«

Cherry Plum (6): »In mir ist eine Quelle. Ich schöpfe Kraft aus ihr, um meine Aufgabe zu erfüllen.«

Aspen (2): »Ich kann zuversichtlich in die Zukunft blicken. Ich werde geführt.«

Red Chestnut (25): »Jeder Lebensplan ist anders. Jeder führt auf seine Weise zur Vervollkommnung.«

Gruppe 2:
»Unsicherheit«

Meditationsfarben

Türkis (physisch), **Blau** (mental), **Goldgrün** (spirituell)

Affirmationen

Cerato (5): »Ich trage Verantwortung für mein Leben. Ich vertraue auf meine innere Stimme.«

Scleranthus (28): »Ich bitte um inneres Gleichgewicht und Klarheit. Ich entscheide sicher.«

Gentian (12): »Ich kann Schwierigkeiten meistern. Ich habe Mut, geduldig zu wachsen wie die Natur.«

Gorse (13): »Das Leben ist ein Geschenk. Ich achte und nutze es.«

Hornbeam (17): »Ich habe in diesem Leben eine Aufgabe. Die Schöpferkraft hilft mir, sie zu erfüllen.«

Wild Oat (36): »Ich öffne mich für Impulse meiner Intuition. Ich vertraue meiner Seele.«

Gruppe 3: »Mangelndes Interesse an der Gegenwart«

Meditationsfarben

Grün (physisch), **Gold** (mental), **Gold** oder **Weiß** (spirituell)

Affirmationen

Clematis (9): »Ich beobachte meine Gedanken. Ich entscheide mich bewusst, welche mich wirklich interessieren, und handle danach.«

Honeysuckle (16): »Ich schätze meine schönen Erinnerungen. Ich trage täglich bewusst dazu bei, anderen Menschen Freude zu bereiten.«

Wild Rose (37): »Die Schöpferkraft hat mir die Chance zur Freiheit geschenkt. Diese Freiheit nutze ich für ein schönes und kreatives Leben.«

Olive (23): »Ich darf mir selbst Ausgelassenheit und spielerische Freude gönnen. Ich lasse neue Energien durch mich strömen.«

White Chestnut (35): »In mir ist Frieden. Diese Harmonie schenkt mir innere und äußere Ausgeglichenheit.«

Mustard (21): »Helles, heiteres Licht hilft mir, Harmonie und Freude zu spüren und auszustrahlen.«

Chestnut Bud (7): »Ich erkenne meine Verhaltensmuster und Fehler und bin bereit, etwas Neues daraus zu lernen.«

Gruppe 4:
»Einsamkeit«

Grün (physisch), **Türkis** (mental), **Rosa** (spirituell)

Meditationsfarben

Water Violet (34): »Leben ist Geben und Nehmen. Ich kann Hilfe und Liebe geben, und ich kann sie annehmen.«

Affirmationen

Impatiens (18): »Alle Dinge haben ihre Zeit. Ich öffne mich gelassen für meine Zeit.«

Heather (14): »Mein bester Freund ist meine eigene Seele. Ich bin eins mit ihr.«

Gruppe 5:
»Überempfindlichkeit für Einflüsse und Ideen«

Rosa (physisch), **Violett** (mental), **Weiß** oder **Gold** (spirituell)

Meditationsfarben

Agrimony (1): »Entwicklung bedarf auch der Festigkeit. Ich bin liebevoll und fest zugleich.«

Affirmationen

Centaury (4): »Meine Lebensaufgabe ist es wert, dass ich sie erkenne und mich ihr bewusst zuwende.«

Walnut (33): »Ich bin offen für den Austausch mit anderen und bleibe doch auf meinem Weg.«

Holly (15): »Das Leben gibt jedem das Seine. Ich öffne mich für das Meine.«

Gruppe 6:
»Mutlosigkeit – Verzweiflung«

Meditationsfarben **Rosa** (physisch), **Goldgrün** (mental), **Weiß** (spirituell)

Affirmationen

Larch (19): »Gott liebt und will mich so, wie ich mit seiner Gnade und durch meine Bemühung werden kann.«

Pine (24): »Ich ordne Fehler richtig ein. Ich lerne mich auch am Unvollkommenen zu freuen.«

Elm (11): »Ich höre auf meinen inneren Ruf und folge ihm.«

Sweet Chestnut (30): »Ich darf loslassen und mich von der Schöpferkraft tragen lassen.«

Star of Bethlehem (29): »Meine Seele findet Trost im göttlichen Licht.«

Willow (38): »Ich sammle neue Kraft, um mein Leben bewusster und glücklicher zu führen.«

Oak (22): »In mir spüre ich Kraft und zugleich gelassene Heiterkeit.«

Crab Apple (10): »Alles Dunkle, Schwere, Unreine atme ich aus. Ich atme Klarheit, Reinheit und Zuversicht ein.«

Gruppe 7: »Übertriebene Sorge um das Wohl anderer«

Meditationsfarben

Türkis (physisch), **Weiß** (mental), **Gold** (spirituell)

Affirmationen

Chicory (8): »Ich kann mich selbst lieben. Ich erkenne, dass sich jeder Mensch nach seinem individuellen Lebensplan entwickeln muss.«

Vervain (31): »Energien fließen in mir. Ich halte mich offen für neue Impulse, die das Leben bringt.«

Vine (32): »Ich lerne zu unterscheiden, wann ich loslassen und wann ich anpacken muss.«

Beech (3): »Jeder Mensch trägt Verantwortung für sein eigenes Leben. Ich lerne zu erfahren, was meine Verantwortung ist.«

Rock Water (27): »Die farbige Vielfalt des Lebens ist Ausdruck schöpferischer Freude. Ich lasse diese schöpferische Freude auch durch mich strömen.«

Rescue Remedy

Meditationsfarben

Violett (physisch), **Weiß** (mental), **Gold** (spirituell)

Affirmationen

»Ich bitte um Hilfe und göttliche Führung.«

7. Kapitel

Die Bachblüten-Farbkarten

Ein bewährter Zugang zur intuitiven Ermittlung der richtigen Bachblüten und Therapiefarben

In diesem Handbuch stellen wir Ihnen zum ersten Mal eine sehr einfache Methode vor, wie Sie selbst unmittelbar die jeweils persönlich passenden Bachblüten und Therapiefarben ermitteln können: die *Bachblüten-Farbkarten*.

Das Prinzip und die Handhabung dieser Karten sind schnell erklärt:

Das komplette Kartenset

Das *komplette Set der Bachblüten-Farbkarten* besteht aus:

1. **38 Karten**

auf der Vorderseite

- mit *Darstellungen der Bachblüten* von der österreichischen Künstlerin Silvia Reili-Preinfalk, welche die besondere Schwingung der Bachblüten sehr wirkungsvoll zum Ausdruck bringen,
- mit der *Angabe der Gruppe,* zu welcher diese Blüte nach Edward Bach gehört,
- mit dem englischen und deutschen Namen sowie der international üblichen *Referenznummer,*
- mit dem wichtigsten *Kurzhinweis auf die häufigste Anwendung;*

auf der Rückseite
- mit derjenigen Farbe, die der *Zuordnung* von *Farbtherapie zu Bachblüten* im zweiten Kapitel dieses Buchs entspricht.

Diese 38 Karten liegen dem Buch als Zugabe bei, damit Sie gleich damit zu arbeiten anfangen können.

2. **39 Karten**
auf der Vorderseite
- mit *Darstellungen der 38 Bachblüten* und zusätzlich des Kombinationsmittels *Rescue Remedy* (Notfallmittel),
- mit den englischen und deutschen *Namen* sowie der *Referenznummer,*
- mit der jeweiligen *Affirmation,* die im sechsten Kapitel dieses Buchs angegeben und erläutert wird;

auf der Rückseite
- mit den *drei Meditationsfarben* für die Meditation auf der spirituellen, mentalen und physischen Ebene.

Das komplette Set enthält also zwei Sätze mit insgesamt 77 Karten und einer ausführlichen Anleitung. Es erscheint unter dem Titel »Die Original-Heilblüten-Farbkarten« bei der AGM (AG Müller, Bahnhofstraße 21, CH-8212 Neuhausen am Rheinfall) und ist in jeder guten Buchhandlung erhältlich.

Zum Sinn der 38 Bachblüten-Farbkarten die dem Buch beiliegen:

Oft genug fällt es dem Laien schwer, rasch und sicher festzustellen, welche Beschreibung eines Seelenzustands oder einer Gefühlssituation ganz genau auf ihn passt. Man findet sich in mehreren Erklärungen getroffen und kann sich nicht für eine oder zwei entscheiden, oder man erkennt sich vielleicht in den Aussagen überhaupt nicht wieder.

Hilfe durch Intuition

Und Heilern passiert es häufig, dass sich Patienten nicht klar genug auszudrücken vermögen, es aber höchste Zeit für eine rasche, unkomplizierte, erste Maßnahme ist.

Die Bachblüten-Farbkarten erlauben deshalb als eine entscheidende Erleichterung einen direkten, intuitiven Zugang, ein unmittelbares Erfassen dessen, was heilt und um was es uns in diesem Buch geht: die richtige Schwingung!

Sowohl die Vorderseiten mit den einfühlsamen Darstellungen aller Bachblüten wie auch die Rückseiten mit den klaren Therapiefarben erlauben, dass man sich direkt zur einen oder anderen Karte hingezogen fühlt – wobei unbewusste Momente natürlich auch eine Rolle spielen! In dieser Hinsicht sind die Bachblüten-Farbkarten dem Tarot vergleichbar. Das »Wirkprinzip« ist die Gleichzeitigkeit von geistiger und fühlender Ausrichtung des Menschen auf ein Problem, eine Frage oder ein Thema und die in diesem besonderen Augenblick erfolgende Auswahl einer oder mehrerer Karten. Der Tiefenpsychologe C.G. Jung nannte diese Art der Sinnverknüpfung »Synchronizitätsprinzip«.

Und so benutzen Sie die 38 Bachblüten-Farbkarten:

A. Ermitteln der passenden Bachblüten über die Farben

Das Kartenset in diesem Buch

Sie können über die Farbwahl und dann Auswahl einer Einzelkarte intuitiv zu der für Sie passenden Bachblüte finden.

1. Sammeln Sie sich für einige Augenblicke, denken Sie an Ihre Gesundheit so, wie Sie gern sein *möchten*.
2. Dann mischen und fächern Sie die Karten mit dem Farbrücken nach oben halbkreisförmig vor sich auf einer glatten Fläche auf.
3. Lassen Sie sich zu jener Karte führen, die Ihre bestmögliche körperliche Gesundheit symbolisieren soll, und greifen Sie diese Karte heraus.
4. Lassen Sie sich dann zu jener Karte führen, die für Ihre bestmögliche seelische Harmonie stehen soll, und nehmen Sie diese Karte auf.
5. Lesen Sie die Beschreibung mit dem Kurzhinweis; wenn Sie mögen, auch die näheren Erläuterungen im ersten Kapitel dieses Buchs.
6. Nehmen Sie diese beiden Bachblüten-Essenzen in der Ihnen ja bekannten Verdünnung von ca. 4 Tropfen auf ein Glas Wasser. Und schauen Sie sich im zweiten Kapitel dieses Buchs auch die mögliche dazugehörige Farbtherapieanwendung an.

Intuitive Auswahl

B. Ermitteln der passenden Bachblüten und/oder der passenden Therapiefarben über die Bachblüten-Bilder

Sie können die intuitive Auswahl auch nach der Schwingung vornehmen, die Sie von den Darstellungen empfangen.

1. Wieder sammeln Sie sich zunächst und stellen sich auf die optimalste Gesundheitsvorstellung ein, die Ihnen möglich ist.
2. Nun mischen und legen Sie die Karten in Reihen so nebeneinander, dass nur die Bilder zu sehen sind, nicht die Beschreibungen der Gruppen, Namen usw.

3. Lassen Sie sich dann nacheinander zu jenen beiden Karten führen, die Sie – möglicherweise über Ihre jetzige Vorliebe – als förderlich empfinden für Ihre körperliche Gesundheit und für Ihre seelische Harmonie.
4. Greifen Sie diese beiden Karten heraus, lesen Sie die Zeilen unter den Bildern, schauen Sie sich die Farben auf den Rückseiten an, und nehmen Sie die entsprechenden Bachblüten-Essenzen in der bekannten Verdünnung ein, bzw. wenden Sie die entsprechenden Farben so an, wie im zweiten Kapitel erläutert.

Für beide Methoden gilt:

Die Erfahrung hat erwiesen, dass man nicht zu viele Essenzen gleichzeitig einnehmen sollte. Daher empfiehlt es sich, es zunächst einmal mit zwei, maximal aber mit drei oder vier Essenzen bewenden zu lassen.

Die Bachblüten-Farbkarten vereinen im Kartenformat also wesentliche Informationen der heilwirksamen Schwingungen der Bachblüten, Kurzhinweise auf Gruppe, Namen, Nummer und wichtigste Anwendung sowie die Schwingung der Therapiefarben. Sowohl Heilkundige wie Laien können sie unkompliziert handhaben.

Die Bachblüten-Farbkarten eignen sich übrigens auch hervorragend als Hilfe zur Ermittlung von Bachblüten und Therapiefarben durch intuitive Heilkundige und Laien im Verbund mit allen anderen Büchern über die Bachblüten!

Schlussbemerkung

Gesundheit ist mehr eine Seelenschwingung als ein physikalisch messbarer und nur schulmedizinisch »machbarer« Körperzustand.

Gesundheit, »heil sein« (ist gleich »heilig«), Ganzheitlichkeit sind das Wesen und die Natur unserer Seele. Wir alle leben aus und in einer einzigen schöpferischen Energie, die manche *Gott* nennen, manche anders.

Unser Leben kann eine Vervollkommnung bis hin zur bewussten Einswerdung mit dieser Urenergie werden. Menschheitslehrer, wie zum Beispiel Laotse, Buddha, Jesus Christus, Meister Eckehart, St. Germain, Samuel Hahnemann, Ramana Maharshi, Sant Darshan Singh und nicht zuletzt Edward Bach, verwirklichen diese Einsicht und erinnern uns immer wieder daran. Sie waren und sind bereit zu helfen.

»Krankheit« hat ihre besondere Funktion in unserem Leben: Wenn uns sonst nichts mehr an Ursprung und Ziel der Seele erinnert, wenn wir aus der schöpferischen Harmonie herausgefallen sind, dann stellen wir uns durch (selbstgeschaffene, selbstverursachte) Krankheiten nicht mehr zu übersehende Aufgaben, die uns »zwingen«, bewusst zur Harmonie zurückzufinden.

Mit der rechten Schwingung – mit der Harmonie zwischen göttlichen, seelischen und irdischen Energien – können wir unser Leben fruchtbarer machen, weniger leiden und mehr lieben!

Anhang

Farbtherapie und Farbmeditation mit einer Farb-Handlampe

An der Entwicklung eines *MultiColor Combi® Sets*, das sich sehr gut für Farbtherapie, Farbakupunktur, Farbmeditation, Chakraaktivierung und Farbexperimente eignet, haben wir mitgearbeitet. Er besteht aus einer leuchtstarken Handlampe, zweimal 15 (ausgewählten) Farbfiltern aus einer Spezialfolie und einem besonderen Vorsatz mit einer Quarzglaspyramide sowie weiterem Zubehör.

Die wichtigsten Farben der Farbtherapie – Gelb, Orange, Rot, Rosa, Hellgrün, Grün, Türkis, Blau, Violett und Purpur/Magenta – sind als Grundfarben enthalten, dazu einige andere Farbschattierungen.

Alle Farbfilter lassen sich einzeln oder miteinander kombiniert verwenden, sodass sich auch individuell gewünschte Farbnuancen treffen lassen.

Die Quarzglaspyramide – zur Farbakupunktur, zur Verstärkung der Farbschwingungen und zur Farbmeditation – lässt sich wahlweise vorschalten.

Eine beigelegte ausführliche Broschüre gibt detaillierte Gebrauchshinweise, zum Beispiel zu den Stichworten Harmonisierung der eigenen Schwingung, Normalisierung des Säftehaushalts, Anwendung bei Nervosität, Schwächegefühl, seelischen Problemen, häufig auftretenden Beschwerden (wie verstopfter Nase, Verdauungsschwierigkeiten usw.) sowie zur Meditation und zur Chakraaktivierung.

Alle in unserem vorliegenden Buch beschriebenen Farbanwendungen lassen sich mit dieser Farb-Handlampe durchführen.

Damit bietet dieses leicht zu handhabende Farbset vielfältige Gebrauchsmöglichkeiten sowohl für den erfahrenen Heilkundigen wie für Menschen, die sich selbst behandeln oder mit Farben experimentieren wollen.

Bezugsquelle in der Bundesrepublik:
WRAGE Versandservice
Schlüterstraße 4,
D-20146 Hamburg
Tel. 040/4 13 29 70

Seminare über Naturheilkunde für Laien und Angehörige von Heilberufen

Die Autorin, Heilpraktikerin Ingrid S. Kraaz von Rohr, ND, bietet die Teilnahme an besonderen Seminaren für Laien an sowie Aus- und Fortbildungskurse für BehandlerInnen, HeilpraktikerInnen und AnwärterInnen, Naturärzte und Angehörige von Heilberufen. In diesen Seminaren unterrichtet sie Grundlagen und Behandlungsvorschläge im Rahmen der von ihr begründeten »Natürlichen Komplementär-Medizin«.

Themen sind u.a.

- »Die richtige Schwingung heilt« als Begleitseminar zu diesem Buch
- »Die Bachblüten in sinnvoller Kombination mit anderen Naturheilverfahren«
- »Die richtige Farbe heilt« zu Farbtherapie und Farbakupunktur
- »Die neue Weiblichkeit« zu wichtigen Fragen über so genannte »Frauenbeschwerden«, psychologische und spirituelle Zusammenhänge und naturheilkundliche Heilung
- »Zellsalze und ihre Bedeutung für den Menschen«
- »Umweltmedizin und Umweltdiät« – naturheilkundliche Vorbeugung und Heilung bei Gesundheitsbeschwerden aufgrund von Umweltbelastungen

Für die Angehörigen von Heilberufen wird ein besonderer Zyklus von fünf viertägigen Intensivseminaren zur Aus- und Fortbildung angeboten.

Seminaranfragen richten Sie bitte jeweils an:

Ingrid Kraaz von Rohr:
Ingrid.KraazvRohr@t-online.de

Wulfing von Rohr:

info@bodyspirit.org
www.bodyspirit.org
www.engeltage.org

Literaturverzeichnis

Allgemeine Literatur

Sri Aurobindo: »Der Integrale Yoga«, Rowohlt TB, Reinbek 1993

Chris Griscom und Wulfing von Rohr: »Die Heilung der Gefühle«, Schirner, Darmstadt, 5. Aufl. 2006

Wulfing von Rohr: »Fünf Kräfte deiner Seele – Symbole, Mythen und Archetypen zur Selbsterkenntnis«, Lüchow, Stuttgart 2005

ders.: »Engel – Boten des Himmels, Boten der Seele«, Lüchow, Stuttgart 2006

ders.: »Worauf es in Wirklichkeit ankommt. Ein spiritueller Führer«, Via Nova, Petersberg 2004

ders.: »Meinen Kraftort finden«, Set mit Buch zu vielen Kraftorten und 48 Karten, Urania, Neuhausen (Schweiz) 2006

Darshan Singh: »Spirituelles Erwachen. Ein Führer für die Suche nach geistiger Wahrheit«, Goldmann TB, München 1987

Literatur zu den Bachblüten

Edward Bach: »Heal Thyself – Heile Dich selbst. Eine Erklärung der wahren Ursache und Heilung von Krankheit« (Das erste in Deutsch veröffentlichte Bachblüten-Buch, das Edward Bach und seine Arbeiten hier einführte und die Grundlage zum Erfolg der Bachblüten-Therapie im deutschsprachigen Raum darstellt.) Verlag Wulfing von Rohr, München 1978 (vergriffen)

ders.: »Blumen, die durch die Seele heilen«. (Enthält »Heile Dich selbst«, »Die 38 Heiler« und das »Bachblüten-Repertorium« des Bach-Kollegen F. Wheeler; dieses Buch bringt den Kern der Erkenntnisse von Edward Bach, wie er sie eigenhändig niederschrieb, alle späteren Bücher über Bachblüten sind demgegenüber Sekundärliteratur) Ullstein TB, München, 2004

Julian und Martine Barnard: »Das Bach-Blüten Wunder«, Heyne TB, München 1989

Ingrid Kraaz von Rohr: »Das Original Heilblüten-Farbkarten-Set«, das komplette Heilblüten-Farbkarten-Set zum Auffinden der richtigen Bachblüte mit Hilfe von Farben, 77 Karten (38 Grundkarten und 39 Meditationskarten), AGMüller-Urania, 1997, ISBN 3-905017-121

Nora Weeks: »Edward Bach – Entdecker der Blütentherapie. Sein Leben – seine Erkenntnisse«, Hugendubel, München, 3. Aufl. 1996

Literatur zum Thema Farbe

Darius Dinshah: »Let there be Light« (Eine ausführliche Erläuterung der Forschungsergebnisse von Dinshah P. Ghaddiali, dem Wiederentdecker der modernen Farbtherapie und Lehrmeister von Jay Scherer.) Im Selbstverlag der Dinshah Health Society, Malaga, New Jersey, 1985

Theo Gimbel: »Healing Through Colour« (Eine auf Rudolf Steiners Arbeiten und eigenen Forschungen aufbauende, sehr anspruchsvolle Auseinandersetzung mit Farbe in Bezug auf verschiedene Ebenen der menschlichen Existenz.) Engl. Originalausgabe bei C.W. Daniel, Saffron Walden, 2. Aufl. 1985

Ingrid Kraaz von Rohr: »Farbtherapie – Das Basiswissen über Wirkung und Anwendung der Farben«, Nymphenburger, München 2003

dies.: »Die Farben Deiner Seele«, Handbuch mit 12-Farben-Test, Schirner TB, Darmstadt 2006

dies.: »Die Magie der Kraftfarben«, Ullstein TB, München 2007

dies.: »Meine Kraftfarben finden«, 33 Karten-Farben-Test zur Entwicklung von Persönlichkeit und Spiritualität, Urania-AGMüller, Neuhausen (Schweiz) o. J.
dies.: »Farb-Energie-Set zum 12-Farben-Test«, mit 13 Farb-Untersetzern zum Aufladen der Schwingung der jeweiligen Farbe, erhältlich über Wrage-Versand, Schlüterstr. 4, 20146 Hamburg
dies.: »Innere Stärkung der weiblichen Kraft – eine Entspannungsreise durch die Farben der Chakren« mit Chaitanya Deuter/Jack Löffler, CD, erhältlich über Wrage-Versand, Hamburg (s. o.)

Literatur zur Homöopathie

Samuel Hahnemann: »Organon der Heilkunst«, Haug, Heidelberg, Neuausgabe 1999
Ravi und Carola Roy: »Selbstheilung durch Homöopathie«, Knaur TB, München 2000
dies.: »Erste-Hilfe-Homöopathie. Operationen, Verletzungen, Reisen«, Goldmann TB, München 1999

Literatur zu Schüßlersalzen

Monika Helmke Hausen: »Lebensquell Schüßlersalze. Die 12 bewährten Selbstheilungsmittel«, Goldmann TB, München 2003
Kurt Hickethier: »Lehrbuch der Biochemie« (Das Grundlagenwerk zu den Schüßler'schen Mineralsalzen und deren Anwendung.) Depke, Bad Ems, 5. Aufl. 1980

Literatur zu Radiästhesie (Schwingungsforschung)

Herbert L. König: »Unsichtbare Umwelt« Verl. Herbert König, 5. Aufl. 2000
David V. Tansley: »Radionik«, Synthesis, Essen 1989
Ingrid Kraaz von Rohr: »Wege zum richtigen Pendeln«, Set mit 40 Pendelkarten, Anleitungsbuch und Goldpendel, Urania, Neuhausen (Schweiz) 2003

Register

Hauptfundstellen sind durch **halbfette Seitenzahlen** hervorgehoben.

Heile dich selbst!

A. E. Röcker, 21768
Das Geheimnis der Selbstheilungskräfte

Kurt Tepperwein, 21769
Selbstheilungskräfte aktivieren

Edward Bach, 14150
Heile dich selbst

I. Kraaz/W. v. Rohr, 21787
Die richtige Schwingung heilt

GOLDMANN
ARKANA

ARKANA
GOLDMANN

Unser Körper als feinstoffliches Energiefeld

Manuela Oetinger
Die Aura 21702

Ted Andrews
Kleines Lehrbuch für Heiler 21737

Barbara Ann Brennan
Licht-Arbeit 14151

Barbara Ann Brennan
Licht-Heilung 12222

Goldmann • Der Taschenbuch-Verlag